*Diederichs Kabinett*

# *Die orientalische Katze*

*Herausgegeben*
*von*
*Annemarie Schimmel*

*Eugen Diederichs Verlag*

Mit 30 Abbildungen

CIP-Kurztitelaufnahme der Deutschen Bibliothek
**Die orientalische Katze**
hrsg. von Annemarie Schimmel.
1. Aufl. – Köln: Diederichs, 1983.
(Diederichs Kabinett)
ISBN 3-424-00801-1
NE: Schimmel, Annemarie [Hrsg.]

Erste Auflage

Umschlaggestaltung: Antje Ketteler
Satz: Lichtsatz Heinrich Fanslau, Düsseldorf
Druck und Bindung: Clausen & Bosse, Leck
ISBN 3-424-00801-2

# *Inhalt*

## *Zur Einstimmung*

Katzen orientalisch – sind das stupsnasige, seidenhaarige Perserkätzchen, elegante Siamesen, goldfarbene Abessinier oder schokoladenbraune Burmesen? Nein. Wir durchstreifen vielmehr die Literatur und Folklore des islamischen Orients, um zu sehen, wie die Katze – einst Ägyptens heiliges Tier – durch die Jahrhunderte gepriesen oder geschmäht worden ist. Gepriesen, weil sie das geliebte Tier des Propheten Muhammad war, das die Dichter des Orients zu kühnen Übertreibungen begeisterte und den Frommen wie den Gelehrten in ihrer Einsamkeit Gesellschaft leistete. Geschmäht, weil sich dämonische Mächte in ihr verkörpern konnten, und weil ihre »Falschheit«, ihre Lust am Stehlen den arabischen und mehr noch den persischen Beobachter schockierten, gerade so wie manchen Europäer auch. Reizvolle Parallelen zur Katzenkunde des Abendlandes finden sich in der Welt des Orients, und auch unsere Redensarten treffen wir in neuen Bildern an. So wird unser »begossener Pudel« in Pakistan zur noch trauriger wirkenden »durchgeregneten Katze«. Wenn bei uns »der Apfel nicht weit vom Stamm fällt«, so heißt es in der Türkei: »Das Kätzchen wird miauend geboren.« Und wenn einer in Teheran »Katzen tanzen läßt«, dann ist eine ziemliche Schwindelei im Gange.

Vielfältig sind die Manifestationen der orientalischen Katze. Sie gleitet durch Märchen und Gedichte, sie erscheint auf Miniaturen, wird naturwissenschaftlich analysiert und in der Zauberpraxis verwendet – kurz, sie ist immer aufs neue geheimnisvoll, menschlich, übermenschlich und faszinierend.

# *Ein heilig Tier*

*Wer kennt nicht Goethes Gedicht »Begünstigte Tiere« im West-Östlichen Divan, wo die vier Tiere besungen werden, die nach einer islamischen Überlieferung ins Paradies eingehen werden? Dort heißt es:*

Abu Herriras Katze auch
Knurrt um den Herrn und schmeichelt:
Denn immer ist's ein heilig Tier,
Das der Prophet gestreichelt.

*Gewiß, die Heimat der heiligen Katzen ist Ägypten, wo sie ihre eigene katzengestaltige Göttin Bastet hatten; doch der Islam übernahm die Katzenliebe. Zahlreiche Überlieferungen bezeugen, daß der Prophet Muhammad Katzen liebte – soll er doch, als er sich zum Gebet anschickte, sogar seinen Ärmel abgeschnitten haben, um eine darauf schlafende Katze nicht zu stören. Die Katze gilt auch als rituell rein; sie befleckt durch ihre Gegenwart den Betenden nicht, wie es der Hund tut. Kein Wunder daher, daß sich mancherlei Legenden um die Katzenliebe des Propheten gerankt haben! Und sein Beispiel wurde von all den Frommen nachgeahmt, die sich an seinen Ausspruch hielten:*

Katzenliebe ist Teil des Glaubens.

Wer Katzen liebt, dessen Glaube ist stark.
*Türkisch*

Der Prophet sprach: »Mir wurde die Hölle gezeigt, und ich sah darin jene himyaritische Frau mit einer Katze, die sie angebunden hatte, aber weder fütterte noch laufen ließ.«

Der Prophet wurde ins Haus einer Familie eingeladen und ging hin, aber als er bei einer anderen Familie eingeladen wurde, ging er nicht hin. Als man ihn nach dem Grund fragte, sagte er: »In deren Hause ist ein Hund!« Man erwiderte: »Aber im Hause der anderen ist eine Katze!« Da antwortete er: »Die Katze ist nicht rituell unrein!« Nach einer anderen Überlieferung sagte er: »Die Katze ist ein Löwe!«

Maulana Dschelaluddin Rumi, der große mystische Dichter Persiens, erzählte seinen Jüngern: »Eines Tages saß der Prophet – Friede sei über ihm! – mit all seinen Gefährten in der Gebetsnische der Moschee von Quba. Plötzlich kam eine flüchtende Schlange zur Tür herein; sie versteckte sich unter dem Saum des Gottgesandten und sprach: ›O Gesandter Gottes, ich fliehe vor einem Feind. Da du der Zufluchtsort beider Welten bist, schütze mich!‹ Hinter ihr kam ein Igel herein und sagte: ›O Gesandter Gottes, überlaß mir meine Beute, denn meine Kinder jammern mir etwas vor!‹ Der Prophet befahl, dem Igel etwas Leber zu geben, und der ging zufrieden von dannen. Da sagte der Gesandte Gottes: ›O Schlange, jetzt komm heraus, denn dein Feind ist umgekehrt und weggegangen!‹ Die Schlange sagte: ›Nicht, bis ich meine Kunst gezeigt habe. Dann gehe ich.‹ Sie wand sich wie ein Gürtel um die Hüfte des Gottgesandten und wollte ihn erbarmungslos beißen.

Sogleich zeigte er der Schlange seinen edlen kleinen Finger, damit sie ihn beiße. Da öffnete Abu Huraira seinen gesegneten Sack. Eine schwarze Katze sprang heraus, zerfetzte die Schlange mit ihren Krallen und stolzierte dann zum Propheten. Da sprach dieser: ›Katzenliebe ist Teil des Glaubens – liebt kräftig, und sei es auch eine Katze!‹ Und er strich ihr mit seiner gesegneten Hand über den Rücken, und durch den Segen des Streichelns dieser Hand kommt es, daß eine Katze, selbst wenn man sie von einem hohen Dach herunterwirft, bestimmt auf die Füße fällt und ihr Rücken die Erde nicht berührt.
An diesem Tage segnete der Prophet Abu Huraira, den ›Kätzchenvater‹, ganz außerordentlich. Es heißt, dieser habe zwanzig oder dreißig Katzen in seinem Hause aufgezogen, und wer immer eine Katze brauchte, dem gab er eine und nahm dann später ein Junges von ihr.«

Nach einer anderen Version streichelte der Prophet den Kopf der Katze, und daher hat jede Katze vier schwarze Streifen – Zeichen seiner Finger – auf der Stirn.

*Aus dieser Version dürfte die Sindhi-Geschichte vom Schlangenbeschwörer abgeleitet sein:*

### *Die Schlange und der Schlangenbeschwörer*

In einem Wald lebte ein ältlicher Schlangenbeschwörer, der überaus freundlich und gutherzig war und niemals irgend jemanden betrübt hatte. Einmal lief eine Gruppe von Schlangenbeschwörern hinter einer Königskobra her. Die Schlange rannte und rannte, um sich das Leben zu retten, und schutzsuchend, um Asyl bittend, kam sie zu diesem alten Schlangenbeschwörer. Sie sagte zu ihm: »Hinter mir ist eine ganze Truppe von Schlangenbeschwörern her – versteck mich doch irgendwie!« Da fragte der Schlangenbeschwörer sie: »Wie kann ich denn eine so große Schlange wie dich verstecken?« Da sagte die Schlange zu ihm: »Mach deinen Mund auf, daß ich in deinen Magen gehen kann, und wenn dann die Leute, die hinter mir her sind, wieder weg sind, dann komme ich wieder heraus!« Da glaubte der gutherzige Fakir der Schlange, machte den Mund auf, und die Schlange ging hinein.

Die Schlangenbeschwörer, die gekommen waren, um die Schlange zu fangen, waren nach vergeblicher Suche umgekehrt, aber die Schlange genoß den schattigen Platz im Magen sehr und dachte gar nicht daran, herauszukommen. Der Bauch des armen Fakirs wurde von Tag zu Tag dicker, aber die Schlange hatte ihr Versprechen vergessen und blieb im Magen sitzen.

Eines Tages war der Fakir eingeschlafen, und sein Mund stand offen, als die Schlange, mit der Absicht, Luft zu holen, aus seinem Mund herauskam und anfing, Luft zu schnappen. In diesem Augenblick saß da auch eine Katze; als sie sah, wie die Schlange aus dem Mund herauskam, schlich sie ganz vorsichtig und heimlich heran, schlug plötzlich zu und zerrte die ganze Schlange heraus, schlug sie mit den Krallen und machte sie fertig. Da wurde der Fakir wach, und als er sah, daß die Schlange tot war, lobte er die Katze sehr und sagte zu ihr: »Frau Katze, vom heutigen Tage an bist du ein Feind der Schlange, und ich gebe dir ein Zauberwort. Jetzt verlasse du den Wald und lebe mit den Menschen

zusammen. Kein Mensch wird das Essen, auf das du ein Auge geworfen hast, essen, aber die von dir übriggelassene Speise wird jeder essen!«
Als die Katze den Segen und den Rat des Fakirs hörte, war sie bereit, zu den Menschen zu gehen und dort zu wohnen. Als sie sich verabschiedete, streichelte der Fakir sie. Da in diesem Augenblick die Finger des Fakirs in schwarze Farbe getaucht waren, entstanden auf der Katze schwarze Flecken, als er sie streichelte. Seit jenem Tage hat unbedingt jede Katze ein paar schwarze Flecken, und das ganze Katzengeschlecht ist mit den Schlangen verfeindet.

A'ischa, die Frau des Propheten, berichtet: »Wenn eine Katze am Propheten vorüberging, schob er ihr das Wassergefäß hin, damit sie trinken könne, dann vollzog er die rituelle Waschung mit dem übriggebliebenen Wasser.«

Eine Araberin, Kabscha die Tochter Ka'b ibn Maliks, erzählte: »Abu Qutada kam herein, und ich goß ihm Wasser für die rituelle Waschung ein. Da kam eine Katze und trank davon, und er schob ihr das Gefäß zu, daß sie trinken könne. Er merkte, daß ich ihn verwundert ansah und sagte: ›Liebe Nichte, du wunderst dich wohl?‹ Ich bejahte das. Da sprach er: ›Der Prophet Gottes hat gesagt, die Katze sei nicht unrein, sondern gehöre zu denen, die um euch kreisen‹. Die Herumkreisenden sind die Diener und die Umherkreisenden sind die Dienerinnen, die im Koran als Eigentum (eines Menschen) bezeichnet sind, wie es in Sura 56 Vers 17 heißt: Es umkreisen sie unsterbliche Knaben.‹«

Ja, die Katze ist wie ein Familienangehöriger, und der Prophet hat deshalb gesagt: »Die Katze macht das Gebet nicht ungültig (wie der Hund es tut, der rituell unrein ist), denn sie gehört zum Hause.«
*Daher kann eine Katze auch in einer Moschee bleiben (wo sie sich mit Mäusefang nützlich machen kann).*
Die Angehörigen des nordafrikanischen Bettlerordens der Heddawa glauben, wie viele andere Derwische, daß die Katze wie ein Mensch die rituelle Reinigung vollzieht und daß sie den ganzen Tag ihre Gebete rezitiert. Deshalb darf man selbst die Speise, die sie übrigläßt, aufessen.
Man sagt auch, daß dieses Tier sieben Seelen hat, und daß es eine schwere Sünde ist, ihm Böses zu tun. Das wird der Todesengel grausam rächen.

Man ist der Meinung, daß es von großer Frömmigkeit zeugt, einer Katze bei der Geburt ihrer Jungen zu helfen; denn es wird erzählt, daß eine Katze zum Propheten kam und begann, auf dem Ärmel seines Rockes Junge zu werfen. Der Prophet ließ sich nicht davon stören, im Gegenteil, er kümmerte sich liebevoll um sie, und als die Jungen geboren waren, blieb keine Unreinheit auf seinem Gewand (denn die Katze frißt die Nachgeburt auf).
Da sich im Hause des Propheten eine Katze befand, ist es verdienstlich, Katzen zu halten und zu streicheln. Es ist auch verboten, zahme und wilde Katzen zu essen.

Ißt man das Fleisch von Katzen,
auch wenn sie fett sind?
*Arabisch*

مهی در چمن از خورشید زاده
گلی از جویبار چمن رسته

*Dagegen gilt es als höchst verdienstlich, Katzen zu füttern.* Noch im 19. Jahrhundert wurden in Kairo heimatlose Katzen auf Kosten des Kadis gefüttert. Jeden Nachmittag brachte man eine große Menge Futter in den großen offenen Hof des Gerichtsgebäudes, und die Katzen wurden zusammengerufen. Der Grund dafür ist, daß der Mamlukensultan Az-Zahir Baybars im 14. Jahrhundert einen Garten stiftete, genannt *ghayṭ al-qiṭṭa*, ›Katzengarten‹; aber dieser Garten wurde immer wieder verkauft, so daß er kaum noch genug Reinertrag produzierte, um die Katzen zu unterhalten. Deshalb mußte der Kadi für den größten Teil des Geldes aufkommen.

*In manchen Gebieten wird das Töten einer Katze als großes Verbrechen angesehen: in Bengalen war eine solche Sünde nur mit einer schweren Buße gutzumachen: fünf Kilo Salz (eine große Kostbarkeit!) mußten den Armen gegeben werden.*

*Die Katze erschien dem Propheten in einer entscheidenden Minute seines Lebens:* als die Engel ihm das Herz reinigten und ihm das Siegel des Prophetenamtes eindrückten, rief einer der Engel die *sakīna* (die »göttliche Gegenwart«, entsprechend der hebräischen Schechina); sie kam »in Gestalt einer weißen Katze, und die wurde in mein Herz eingeführt«, wie der Prophet berichtet.
*Die sakīna* erscheint in der islamischen Überlieferung als mythisches Geschöpf seltsamer Gestalt, und sie wird nicht nur als »weiße Katze« beschrieben, sondern auch als ein hybrides Geschöpf mit einem Katzenkopf aus Smaragd und Hyazinth und zwei Flügeln.

Der Bagdader Mystiker Schibli starb 945. Nach seinem Tod sah ihn einer seiner Freunde im Traum und fragte: »Wie hat Gott dich behandelt?« Er sagte: »Er hat mich vor Sich gestellt und gefragt: ›Abu Bakr, weißt du, weshalb Ich dir vergeben habe?‹ Ich sagte: ›Wegen meiner guten Werke.‹ Er sagte: ›Nein.‹ Ich sagte: ›Weil ich in meiner Anbetung aufrichtig war.‹ Er sagte: ›Nein.‹ Ich sagte: ›Wegen meiner Pilgerfahrt und meines Fastens und meiner Pflichtgebete.‹ Er sagte: ›Nein, nicht deswegen habe Ich dir vergeben.‹ Ich sagte: ›Wegen meiner Reisen, um Wissen zu erwerben, und weil ich zu den Frommen ausgewandert bin?‹ Er sagte: ›Nein.‹ Ich sagte: ›O Herr, dies sind die Werke, die zur Rettung führen, die habe ich über alles gestellt und bei denen habe ich gedacht, daß Du mir ihretwegen vergeben würdest!‹ Er sprach: ›Doch nicht um all dieser Dinge willen habe Ich dir verziehen!‹ Ich sagte: ›O Herr, weshalb denn?‹ Er sprach: ›Erinnerst du dich, wie du durch die Gassen von Bagdad gingest und ein Kätzchen fandest, das vor Kälte ganz schwach geworden war und von Mauer zu Mauer lief, um Schutz vor der schneidenden Kälte und vor dem Schnee zu suchen, und du hast es aus Mitleid aufgehoben und in den Pelz gesteckt, den du trugst, und hast es so vor der Qual der Kälte geschützt?‹ Ich sagte: ›Ja, ich erinnere mich.‹ Er sprach: ›Weil du mit dieser Katze Erbarmen hattest, darum habe Ich Mich deiner erbarmt.‹«

# *Katzenmusik*

*»Ein bescheidenes liebevolles Tier . . .« So bezeichneten arabische Naturwissenschaftler die Katze, die unter vielen Namen bekannt war. Man dachte darüber nach, woher das löwenähnliche Tier stammen könnte, und beobachtete Fortpflanzung und Entwicklung der Katze genau, wie die naturwissenschaftlichen Handbücher der Araber aus dem frühen Mittelalter beweisen. Es war die »Katzenmusik« einerseits, die Reinlichkeit der Katze andererseits, die besonders hervorgehoben wurden, und die Gewohnheiten der Katze waren, wie in der abendländischen Welt, sprichwörtlich; sie dienten den Literaten mitunter als Beispiele für menschliches Benehmen.*

*Lieb Kind hat viele Namen, und so gibt es im Arabischen viele Bezeichnungen für die Katze. Folgende Geschichte ist dafür bezeichnend:*

Ein Beduine erjagte eine Katze und wußte nicht, was das war. Da traf er einen Mann, der fragte: »Was ist das für ein *sinnaur?*« Und er traf einen anderen, der fragte: »Was ist das für ein *hirr?*« Und dann traf er einen, der fragte: »Was ist das für ein *qiṭṭ?*« Und er traf wieder einen anderen, der fragte: »Was ist das für ein *daywan?*« Und der nächste fragte ihn: »Was ist das für eine *chayḍā?*« Und der nächste, den er traf, fragte: »Was ist das für ein *chaytal?*« Und der nächste, den er traf, fragte: »Was ist das für ein *dam?*«

Da dachte der Beduine bei sich: »Ich will hingehen und

sie verkaufen; vielleicht hat mir Gott einen großen Gewinn durch sie zugedacht!« Als er zum Markt kam, fragte man ihn: »Wieviel kostet die?« Er sagte: »Hundert!« Da sagten sie: »Die ist einen halben Dirham wert!« Da warf der Beduine die Katze weg und rief: »Gott verfluche sie – so viele Namen und so wenig Wert!«

*Die islamischen Schriftsteller sind sich einig, daß die Katze vom Löwen stammt. In Marokko erzählt man sich:*

Unter den Tieren in der Arche Noah gab es ein paar Schweine. Noah befahl ihnen, sich ruhig zu verhalten, damit die Arche nicht wackele. Aber der Eber besprang die Sau, und Noah schlug ihn mit dem Stock. Da fing das Schwein an zu grunzen und brachte die Maus hervor. Der Löwe hatte gerade geniest, und aus seiner Nase kam die Katze und lief sofort hinter der Maus her. Als das Kamel dieses Schauspiel sah, platzte es mit Lachen heraus und dabei wurde seine Oberlippe gespalten.

*Im islamischen Indien dagegen gilt die Katze als Tante (von Mutters Seite) des Löwen, wie aus einer Reihe von Märchen hervorgeht.*
*Und das Sindhi-Sprichwort sagt:*

Im eigenen Hause ist die Katze auch ein Löwe.

*Die arabischen Schriftsteller des Mittelalters geben weitgehend übereinstimmende Beschreibungen vom Charakter und den Gewohnheiten der Katze:*

Die Katze ist ein bescheidenes, liebevolles Tier, das Gott zum Vertreiben der Mäuse geschaffen hat.
Gegen Ende des Winters wird ihre Brunst erregt, und sie hat große Schmerzen, weil das Sperma brennt, und

sie schreit so lange, bis sie dies ausgestoßen hat. Das Weibchen wird nach der Begattung stark und kühn; deshalb läuft der Kater vor ihr davon, wenn er fertig ist. Diese Kühnheit hatte der Kater vor der Begattung; doch sie wird auf die Katze übertragen. Wenn der Kater erregt ist, schreit er abscheulich, so daß jeder, der ihn hört, irritiert wird, weil es so greulich klingt.

In der Stadt Choy in Azerbaidschan glauben die Leute, daß die weiblichen Katzen zur Zeit des persischen Neujahrsfestes am 21. März die Kater anreden und rufen: »*Naurūz, Naurūz* – Neujahr, Neujahr!« und die Kater antworten dann: »*Nargis, Nargis* – Narzisse, Narzisse!« und wenn die Leute diese Rufe vernehmen, wissen sie, daß nun die Zeit ist, daß die Katzen trächtig werden. Und diejenigen, die einen Wunsch haben, versammeln sich und bereiten ein leckeres Opfermahl für Chidr (den unsterblichen wandernden Heiligen).

*Aber Sana'i, der asketische Dichter aus Ghazna im heutigen Afghanistan im frühen 12. Jahrhundert, war offenbar kein Katzenliebhaber, denn er warnte seine Leser, nicht so »niedrig gesonnen wie eine Katze« zu sein, und verstand das Katzengeschrei ganz anders:*

Beginnen nicht, wenn Rosenknospen springen,
Die Katze und die Nachtigall zu singen?
Doch wissen wohl die klugen Herzensweisen,
Wie groß der Unterschied der beiden Weisen!

*In Sana'is Heimat empfand man offenbar das Miauen als besonders typisch für die Katze, denn sonst würde das Paschto-Sprichwort nicht noch heute fragen:*

Wenn du eine Katze aus Teig machst, wer wird sie miauen lehren?

*wenn es auf eine fruchtlose Arbeit hindeuten will.*

Die Katze wird zweimal im Jahre trächtig und trägt fünfzig Tage. Einige haben die Gewohnheit, ihre Jungen zu fressen, sobald sie sie geboren haben. Einige Gelehrte sagen, sie fräßen sie aus übermäßiger Liebe, andere, es geschehe vielmehr aus Hunger oder infolge einer Art Wahnsinn, der sie bei der Geburt befällt. Gott weiß es am besten. So rezitierte Dschahiz:

Sie kam mit Stolz in einer Sänfte,
Ihre Heere zum Siege leitend,
Als sei sie bei dieser Tätigkeit eine Katze,
Die ihre Jungen fressen will.

*Ein anderer arabischer Dichter des Mittelalters kombiniert:*

Siehst du nicht das Geschick und diese Geschöpfe
Gleich einer Katze, die ihre Jungen frißt?

*Das türkische Sprichwort sagt:*

Wenn die Katze ihre Jungen frißt,
hält sie sie für Mäuse.

*Und Sana'i singt, wie üblich pessimistisch und katzenfeindlich:*

Du gleichst der Maus an Gier: die Welt
frißt ihre Kinder katzengleich.
Wann zeigte Mutterliebe wohl
Die Katze jemals einer Maus?

Die arabischen Gelehrten erklären das Sprichwort »Frömmer als eine Katze«, damit, daß die Katze ihre Jungen aus übermäßiger Liebe auffrißt, *und der große mittelalterliche mystische Theologe Baha'uddin Walad schreibt in seinen Notizen:*

Siehst du denn nicht, wie eine Katze unter dem Einfluß von Gottes Liebe ihre Kätzchen mit den Zähnen hochnimmt und wie sie infolge der gleichen Liebe ihre Kätzchen auffrißt?

*Die Liebe der Katze zu ihren Jungen hat einen der großen modernistischen Denker des islamischen Indiens, Abul Kalam Azad, dazu geführt, die wunderbare Herrschermacht und Vorsehung Gottes an ihrem Beispiel klarzumachen; das koranische Wort hidāya, »Rechtleitung« wird für ihn zum Instinkt, der das Tier dazu bringt, für seine Jungen zu sorgen.*

Falls du eine Katze im Hause hast, wirst du bemerken, was passiert, wenn sie trächtig wird. Nimm an, es sei das erste Mal. Sobald sie fühlt, daß die Wehen einsetzen, sucht sie nach einem sicheren Platz für ihre künftigen Kinder. Sie durchforscht jede Ecke und jeden Winkel des Hauses für diesen Zweck. Und wenn sie dann ihre Jungen dort geworfen hat, scheint sie immer noch Sorge um ihre Sicherheit zu haben, denn sie trägt sie von einem Platz zum anderen. Was ist es nun, das die Katze zwingt, sichere Plätze für ihre künftigen Nachkommen zu suchen, oder was flößt ihr den Gedanken ein, daß sie Sicherheit brauchen? Was läßt sie ahnen, daß im Augenblick, wenn die Jungen geboren sind, ihr Feind, der Kater, herumlaufen wird, um sie zu jagen, so daß sie den sicheren Platz immer aufs neue wechselt? Das ist deutlich die *hidāya,* die Rechtleitung, das ist der Instinkt, den die göttliche fürsorgende Schöpfermacht der Katze geschenkt hat.

*Die Reinlichkeit der Katze hat die Beobachter fasziniert:*
Wenn eine Katze sich entleeren will, geht sie zu einem Platz mit lockerer Erde in einer Ecke des Gehöftes und sucht eine Höhlung zu machen; darin vergräbt sie, was sie von sich gegeben hat und bedeckt es mit dieser Erde. Dann schnuppert sie an der Erde, und wenn sie findet, daß sie riecht, tut sie noch mehr Erde darauf, bis sie weiß, daß das Sichtbare und Riechbare verborgen ist. Wenn sie keine lockere Erde findet, kratzt sie den Boden auf. Manche Ärzte meinen, die Katze täte das wegen des scharfen Geruches der Exkremente; denn wenn die Mäuse das riechen, laufen sie fort, bis der Geruch aufgehört hat.

*Natürlich fanden Theologen sogleich einen tieferen Sinn in dieser Handlung:*
Der Grammatiker und Korankommentator Zamachschari im 11. Jahrhundert sagt, daß Gott dies der Katze eingegeben habe, damit der Mensch, der sein Bedürfnis verrichtet, dazu angespornt werde, es zu bedecken.

*Man sagt in der Türkei, wenn jemand eine schlechte Tat verbergen will, »seinen Schmutz vergraben wie die Katze«.*

*Freilich ging ein arabischer Satiriker auch so weit, seine Ehefrau sehr negativ mit einer Katze zu vergleichen:*
Ich habe eine Katze, die ist reinlicher als mein Weib, und ihr Hintern ist sauberer als deren Mund.
*Ein arabisches Sprichwort sagt:*
Als man der Katze sagte: »Dein Kot kann als Arznei dienen«, fing sie an, ihn zu verstecken.

*Wie selten man Katzenunrat findet, zeigt auch das Urdu-Sprichwort, das den verspottet, der in größter Not nach einem unauffindbaren, winzigen Rettungsmittel sucht:*
Wenn das Haus brennt, sucht er nach Katzen-Urin.

Wenn sich die Katze an ein Haus gewöhnt, läßt sie keine andere Katze hinein, sondern kämpft aufs heftigste mit ihr, weil sie meint, ihr Besitzer könnte die andere vielleicht schöner finden und ihr vorziehen und würde dann das Futter zwischen ihr und der anderen teilen. Und wenn sie etwas stiehlt, was den Hausherrn betrüben könnte, läuft sie weg, weil sie weiß, daß sie Schläge bekommen würde. Doch wenn man sie wegjagt, schmeichelt sie und reibt sich an einem, weil sie weiß, daß Schmeichelei sie rettet und ihr Verzeihung und Freundlichkeit einbringt.

Es liegt in der Natur der Katze und ist ihre Gewohnheit, daß, wenn man ihr Futter gibt, sie es an Ort und Stelle frißt und nicht wegläuft. Doch wenn sie es stibitzt und gestohlen hat, dann läuft sie damit weg und hält nicht eher an, bis sie sich in Sicherheit fühlt.

*Es scheint, daß der mittelalterliche Schöngeist Tha'alibi, von dem das vorhergehende Zitat stammt, ein besonderer Katzenliebhaber war, denn mehr als andere Autoren hebt er die guten Eigenschaften der Katze hervor:*

Dieses Tier hat lobenswerte Charakterzüge, z. B., daß es Erziehung und Wohltaten anerkennt und erzogen

werden kann. Es kommt vor, daß eine Katze bei einem Fleischer oder Fischhändler aufgezogen wird oder in Gehöften zwischen Hühnern und Tauben und anderem Eßbaren, was sie an sich gern hat und frißt, herumläuft und ihnen doch nicht mit übler Absicht entgegentritt und nichts davon frißt als das, was man ihr als Futter gibt; ja manchmal schützt sie diese Eßwaren vor anderen und bekämpft andere, [die sich heranwagen], trotz ihrer Falschheit und ihrer Neigung zum Töten.
Zur Natur der Katze gehört es, daß sie nichts Heißes oder Saures frißt. Und wenn man ihr Rosenöl auf die Nase streicht, stirbt sie schnell.
Manche sind so kühn, daß sie Vipern und Skorpione töten. Wenn die Katze eine Schlange tötet, legt sie sich eine Pfote auf die Nase und schlägt die Schlange mit der anderen Pfote. Das tut sie, um sich zu schützen; denn wenn die Schlange sie in die Nase beißt, stirbt sie, aber wenn sie in andere Körperteile beißt, schadet es ihr nichts, und sie leckt dann die Stelle, wo die Schlange gebissen hat, mit der Zunge, während sie noch mit ihr kämpft.
Die Katze kann erzogen und dressiert werden, so daß sie manchmal sogar mit Mäusen Freundschaft schließt, obgleich zwischen beiden heftige Feindschaft besteht. Dann kommt es zu richtiger Vertrautheit und Zärtlichkeit zwischen den beiden, so daß die Maus der Katze auf den Rücken klettert und sie sogar ins Ohr beißt. Dann schreit die Katze; aber sie frißt die Maus nicht und täuscht sie nicht aus Angst vor dem Dompteur. Aber wenn der Dompteur sie anweist, die Maus zu fressen, springt sie auf sie zu wie gewöhnlich und frißt sie. Das kann man mit eigenen Augen sehen und nicht leug-

nen, denn die Gaukler machen das, um die Leute damit zu amüsieren.

*So heißt es in einem Gedicht der Banu Sasan, der mittelalterlichen Fahrensleute in der islamischen Welt:*

Und ich habe einmal eine Katze, eine Ratte und eine Viper erzogen,
Freundlich miteinander zu leben, ganz nah beieinander.

*Die Juristen stritten sich darüber, ob eine Katze verkauft werden darf, und die Frage wurde in mannigfachen Details abgehandelt, meist aber verneint. Und Rechtsstreitigkeiten um Katzen kommen in der arabischen Literatur auch vor. So erzählt der große Jurist Schafi'i (st. 820):*

Zwei Männer gingen zum Richter wegen einer Katze, von der jeder behauptete, sie gehöre ihm und er habe ihre Jungen. Da befahl der Richter, daß sie in der Mitte zwischen ihren Häusern ausgesetzt würde, und in welches der beiden Häuser sie ginge, das wäre das Haus ihres Herrn. Und die Leute regten sich auf und ich regte mich auch mit ihnen auf. Aber die Katze ging in keines der beiden Häuser, und so war der Rechtsfall null und nichtig.

*Auch in der islamischen Welt war das muntere Kätzchen immer beliebt, während die alte Katze als unnütz galt. Damiri schreibt in seinem zoologischen Handbuch im 14. Jahrhundert:*

Man sagt auch: »Als ob er die Katze von Abdallah wäre«, wenn einer je älter desto unnützer wird. Darüber sagt der blinde Dichter Baschschar ibn Burd, der einen Mann verspottet:

Du bist wie Abdallahs Katze,
Die jung im Gebote
Stand zu einer Drachme; im Alter
Galt sie nur eine Schote.

*Aber das ist, wie Damiri meint »ein fremdländisches Gleichnis«. Der Historiker Ibn Challikan berichtet ebenfalls, er habe nach der »Katze Abdallahs« gesucht und keine Spur oder Kunde von ihr gefunden, bis er auf den Vers des arabischen Dichters Farazdaq aus dem 8. Jahrhundert gestoßen sei:*

Ich sah die Leute tagtäglich an Gutem
Zunehmen, und du nimmst darin ab,
Gleich der Katze, die teuer ist, wenn sie klein ist,
Aber billig wird, wenn sie alt wird.

Die edle Katze läßt sich nicht sehen,
wenn sie stirbt.
*Türkisch*

*Und wie treffend sagt der andalusische Dichter:*

Ich habe als Schutzmittel gegen die Kälte nur
Meine brave Geduld, mein Zittern und meine
Ergebenheit,
Als sei ich in heftiger Kälte eine Katze,
Die sehnlich wartet, daß die Sonne aufgeht!

# *Milch – und die Katze als Wächter!*

*Auch die größten Katzenliebhaber können nicht leugnen, daß ihre Lieblinge eine gewisse Neigung haben, Fleisch oder Milch zu stehlen, und so ist es kein Wunder, daß auch die orientalischen Katzengeschichten und -sprichwörter immer wieder auf diesen Zug der Katze zurückkommen. Sang nicht schon ein Sänger in Bagdad im 9. Jahrhundert zur Laute:*

Ein fetter Fisch im Kochtopf, der steigt hinauf,
Die Katze kam und fraß ihn, und steigt hinauf!

*Und so wird die Katze oftmals als Symbol der Gier dargestellt, die sich nicht halten läßt, wenn eine Speise sie lockt.*

Milch – und die Katze als Wächter!
*Paschto*

Setzt den Wolf du über Schafe
als Beschützer, bist du dumm;
Setzt die Katze du als Wächter
über Sahne, ist's verkehrt!
*Sana'i*

Dastehen wie eine Katze, die Milch verschüttet hat,
*sagt man im Türkischen zu einem schuldbewußten Menschen, und wer voller Begierde etwas ansieht,*
blickt wie die Katze nach der Leber.

*Auch nennt man in der Türkei eine gierige Person*
Die hungrige Katze eines satten Hauses.

*Der Perser meint:*
Für die Katze sind drei Brocken von der Größe ihres Ohres genug.

*Aber alle orientalischen Sprachen behaupten:*
Die Katze träumt vom fetten Schafschwanz (oder: von Mäusen).

Du willst keinen ernsten Rat, du willst nur Trug im Scherz –
Du bist wie eine Katze: wenn man sie nicht ans Fleisch läßt, sagt sie, es sei verdorben.

*So drückt ein spanisch-arabischer Dichter des Mittelalters die Geschichte vom »Fuchs und den sauren Trauben« aus, und das gleiche wird im persischen und im türkischen Sprichwort behauptet.*

*In der Türkei erzählt man:*

## *Die Katze im Palast*

Ein armes Ehepaar hatte eine Katze. Das Ehepaar aß nicht, sondern gab der Katze zu essen, es trank nicht, sondern gab ihr zu trinken. Aber die Katze bekam nicht zu essen, was sie gern wollte, nämlich nicht Fleisch und Leber. So wurde sie schließlich mager, war nur Haut und Knochen und kam dem Tode nahe. Als sie sich eines Tages vor dem Hause des Ehepaars sonnte, sah sie die Katzen des Palastes, die auf der Mauer des großen Palastes gegenüber einherspazierten. Alle waren fett und rund wie Eier. Sie war neidisch auf sie, nach ihnen sehnte sie sich: »Ach, wie schön wäre es, wenn ich auch dort wäre. Wenn ich doch wie sie vorgesetzt bekäme, was ich gerne esse, und wenn fortbliebe, was ich nicht gern esse.« Bei diesem Gedanken sprach sie: »Wenn ich einmal auf die Mauer steigen und mich hineinbegeben könnte!«

Eines Tages fand die Katze eine Gelegenheit und sprang über die Mauer hinein. Der Palastwächter, Schildwachen, Soldaten und Polizisten liefen auf den Lärm von ihr zusammen. Aus Furcht floh die Katze verwirrt hierhin und dorthin und wußte nicht, wohin sie laufen sollte. Tausendmal bereute sie, daß sie dort eingedrungen war. Schließlich kletterte sie auf einen Baum. Als sie vom Baum nach unten auf die Leute blickte, die sie noch nie gesehen hatte, weinte sie leise vor sich hin: »Ach, wenn ich von hier fortkäme, wäre eine Ecke im Hause der Alten für mich das Paradies!«

Trau nicht der Katze, wenn's um Fleisch geht,
und nicht dem Hund, wenn's um Fett geht.

*So heißt es im arabischen Vers, während das türkische Sprichwort sagt:*

Die Freundschaft zwischen Katze und Hund
dauert bis vor den Fleischerladen.

*Das Sprichwort in Nordindien behauptet sogar:*

Der Hund sagt: »Laß meinen Herrn lange leben!«
Die Katze sagt: »Laß meinen Herrn blind werden,
damit ich lange lebe!«

Wenn die Katze Flügel hätte,
ginge es den Spatzen schlecht!
*Persisch*

*Doch manchmal überlistet der Spatz die Katze; wie in der Geschichte aus Sind:*

## *Die Spätzin und der Spatz*

Es war einmal ein Spatz, und es war auch eine Spätzin. Die Spätzin brachte Reis, und der Spatz brachte einen Maßbecher. Beide zusammen kochten dann kitschni. Da ging die Spätzin, Wasser holen. Der Spatz aß danach das kitschni, band sich ein Tuch über die Augen und legte sich schlafen. Als die Spätzin Wasser geholt hatte und zurückkam, erreichte sie die Tür des Hauses und rief den Spatzen und sagte: »Nimm den oberen Krug herunter!« Der Spatz antwortete: »Der obere ist zerbrochen, stell den unteren Krug herunter.« Die Spätzin tat, wie der Spatz ihr gesagt hatte, und als sie dann hereinkam, sah sie, daß kein kitschni mehr da ist und der Topf ist leer. Da sagte sie zum Spatzen: »Wer hat denn das kitschni aufgegessen?« Der Spatz sagte: »Der Hund des Rajas hat es gegessen!« Als die Spätzin das hörte, ging sie zum Raja und sagte: »Fürst, dein Hund hat mein kitschni gefressen!« Der Raja antwortete: »Beweise das, damit ich einen Richterspruch abgebe.« Die Spätzin sagte: »Wie Ihr wünscht!« Der Raja sagte: »Geht zum Brunnen!« Da kamen sie zum Brunnen. Da band der Raja im Brunnen eine Schaukel aus einer schwachen Schnur an und sagte: »Ihr beide könnt der Reihe nach schaukeln. Wer hereinfällt, hat das kitschni gegessen!«

Erst schaukelte die Spätzin und schaukelte hin und her, bis sie müde wurde, aber die Schnur riß absolut nicht. Dann schaukelte der Spatz. Kaum daß er auf die Schaukel kam, da riß die Schnur, und der Spatz fiel hinein. Da

fing die Spätzin an zu weinen. Als die Katze hörte, daß sie weinte, kam sie und fragte die Spätzin: »Schwester, warum weinst du denn?« Da sagte sie: »Mein Spatz ist da hereingefallen!« Die Katze sagte: »Ich werde ihn dir von drinnen herausholen – was gibst du mir dann dafür?« Sie sagte: »Ich werde dir Milchreis und Weizenbrot zu essen geben!« Begierig darauf, holte die Katze den Spatz aus dem Brunnen, übergab ihn der Spätzin und sagte: »So, nun gib mir Milchreis und gutes Brot.« Die Spätzin sagte: »Jetzt geh weg. Wenn aus meinem Hause Rauch aufsteigt, dann komm bitte!«
Eines Tages – was machte die Spätzin? Sie machte im Hause ein großes Feuer, legte ein Eisenstück in den Ofen und erhitzte es und deckte die Eisenpfanne zu, als ob ganz richtig Milchreis fertig dastände. An diesem Tage sah die Katze großen Rauch und kam, zum Essen bereit. Die Spätzin sagte zu ihr: »Bitte schön, gut, daß du gekommen bist; ich wollte schon meinen Mann zu dir schicken!« Die Katze sagte zu ihr: »Jetzt mach nicht so lange; zeig mir einen Platz, wo ich sitzen kann!« Die Spätzin zeigte ihr den Platz auf dem erhitzten Eisenstück und sagte: »Fürstin Katze, setz dich darauf!« Daß die Katze sich darauf setzte und ihr Hinterteil verbrannte, war eins. Sofort sprang sie auf und sagte:

»Du gibst mir keinen Reis,
Verbrennst mir nur den Steiß –
Pfui über deine Lügen!«

Sprach's und rannte schreiend davon und sagte der Spätzin niemals wieder, daß sie etwas essen wollte.

*Gleicht nicht die Katze dem Menschen, der sich immer entsprechend seinen früheren Erfahrungen verhält? Rumi, der mystische Dichter des 13. Jahrhunderts, erläutert das:*

Die eine Katze sitzt ganz still vorm Loch,
Weil ihre Beute immer dorther kroch,
Dieweil die andre auf die Dächer springt,
Weil Vogelfang ihr ihre Nahrung bringt.

Wenn die Katze sich daran gewöhnt,
daß der Topf offen ist,
kann sie sich nicht mehr gedulden.
*Arabisch*

*Aber manchmal wird sie für ihre Gier bestraft, wie es im Pandschab erzählt wird:*

## *Zwei Katzen und ein Brot*

Es waren zwei Katzen, die fanden ein Brot, und sie stritten, wie sie es wohl am besten teilen könnten. Da kam der Affe dazu. Dem lief das Wasser im Mund zusammen, als er das Brot sah, und er denkt bei sich: »Das will ich haben«, und sagte: »Wenn ihr euch nicht einig werdet, so kann ich euch wohl behilflich sein. Nichts einfacher als das. Ich werde euch je zwei gerechte Teile auswiegen.« Sagte es und war verschwunden. Im Nu kam er mit einer Waage zurück und begann das Brot zu teilen. Erst biß er von der einen Hälfte ab und dann auch von der anderen Hälfte. Und immer war es so, daß ein Teil schwerer als der andere war. So biß er wieder von der einen Hälfte und dann von der anderen Hälfte ab und so fort. Und als von dem Brot fast nichts mehr übrig war, da sagten die Katzen: »Gib uns unser

Brot wieder zurück, wir wollen es uns selbst teilen.« Da erwiderte der Affe: »Der Rest, den geb ich nicht zurück, der ist der Lohn für meine harte Arbeit.« Sagte es und stopfte sich den letzten Bissen in das Maul. Und die Katzen bereuten ihren Streit.

*Die islamischen Juristen haben sich natürlich gründlich damit beschäftigt, wie man sich verhält, wenn eine Katze ununterbrochen stiehlt, und Damiri geht in alle Einzelheiten des juristischen Disputierens:*

Wenn nun jemand eine Katze hat, die Vögel fängt und Schüsseln umwirft und Schaden anrichtet und Dinge kaputt macht, ist dann ihr Besitzer für den Schaden, den sie anrichtet, verantwortlich? Da gibt es zwei Antworten. Die korrektere ist Ja, ganz gleich ob sie nachts oder tagsüber Schaden anrichtet; denn eine solche Katze muß angebunden werden, damit der Schaden, den sie verursachen könnte, abgewandt wird, und das gilt für alle Tiere, die angriffslustig sind.

*Dann werden die vier juristischen Möglichkeiten einzeln abgehandelt.*

*Wohl die berühmteste Katzengeschichte des Orients, in der die Gier der Katze nur ein Vorwand ist, wird in den verschiedensten Formen erzählt und kommt als Gedicht, Märchen oder Anekdote vor. Ihre hübscheste und offenbar auch älteste Fassung findet sich bei Dschelaluddin Rumi:*

Es war ein Mann, der hatt' ein Weib zu Haus,
Gar zänkisch, schmutzig, und ein wahrer Graus.
Was er auch brachte, sie hat es verzehrt,
Und er, bekümmert, hat sich kaum beschwert.
So brachte einst für einen Gast der Mann

Ein mühevoll erworbnes Fleischstück an.
Die Frau, sie aß geröstet es, mit Wein;
Der Mann erschien; sie redete hinein.
Er sprach: »Wo ist das Fleisch? Der Gast ist hier!
Dem Gaste müssen Gutes bieten wir!«
Da sprach die Frau: »Die Katze hat's gefressen!
Kauf doch noch andres Fleisch für unser Essen!«
Er rief: »O Diener, bring die Waage 'ran,
Daß ich die Katze einmal wiegen kann!«
Er wog sie, und sie wog drei Pfund genau –
Da sprach der Mann zur lügnerischen Frau:
»Das Fleisch war drei Pfund und ein halbes noch –
Die Katze, Dame, wiegt drei Pfunde doch!
Ist dies die Katz', wo ist das Fleisch denn dann?
Und ist's das Fleisch – wo ist die Katz', sag an?«

# *Katz und Maus*

*Das Thema Katz und Maus steht im Mittelpunkt der meisten Katzengeschichten, die man sich in Ost und West erzählt. Die schlaue Katze, die sich schlafend oder fromm stellt und dann das Mäuslein angreift und vernichtet, erscheint in den verschiedensten Verkleidungen seit den Tagen der alten Ägypter und findet sich selbst auf modernen mongolischen Briefmarken.*

*Natürlich gibt es zahlreiche Redensarten, die von Katz und Maus handeln. So sagt man in der Türkei von jemandem, der soweit gekommen ist, daß er endlich etwas leistet:*

Seit er zur Katze geworden ist, hat er eine Maus gefangen!

*In der islamischen Tradition ist die bekannteste Version des immerwährenden Krieges zwischen Katze und Maus das kleine Epos des persischen Satirikers Obaid-i Zakani aus dem späten 14. Jahrhundert, das immer wieder illustriert worden ist und von dem es auch eine späte indische Version gibt, offenbar von einem Katzengegner verfaßt, denn hier siegen die Mäuse.*

*Ein anderes weitverbreitetes Thema ist das von der Katze in dem Land, in dem die Mäuse überhand nehmen, und die ihrem Besitzer ein Vermögen einbringt; sie findet sich in den verschiedensten Formen in der islamischen Welt, sei es in Arabien, in Iran oder in Indien.*

Die Katze benimmt sich so lange gut,
bis eine Maus sich zeigt.
*Türkisch*

*Daher sieht der mittelalterliche Mystiker Sana'i von Ghazna die Katze als Symbol des Todes an, der allen Wesen droht:*

So lang die Katze Harf' und Flöte hält,
Wie eng wird für die Mäuse Haus und Feld!
Ist Marktaufseher sie in einer Stadt –
Kein Mäuslein dort noch einen Laden hat.
Und wird die Katz' im Hinterhalte warten,
Läuft's Mäuslein in den unterird'schen Garten;
Denn schon gewetzt hat, o ihr Klugen alle,
Die Katze »Tod« die Zähne und die Kralle!

Wenn Harf' und Flötenspiel der Katz' erklingen,
Wird das die Mäuse nicht zum Tanzen bringen!

*Auch Rumi kennt die Katze als Todessymbol:*

Die Katze ist der Tod, und Krankheit ihre Krallen,
Schlägt auf die Vögel ein, daß ihre Federn fallen.

Für eine gut jagende Katze passen geschickte Mäuse.
*Türkisch*

Wer mit dem Unterhalt für die Katze geizt,
dem frißt die Maus die Ohren ab.
*Arabisch*

Laß' deine Katze hungern,
dann frißt sie deine Mäuse!
*Arabisch*

Die Katze jagt die Mäuse nicht um Gottes willen.
*Paschto*

Die Katze fängt die Mäuse
nicht dem Hausherrn zuliebe.
*Arabisch*

Die Tyrannei der Katze ist besser
als die Gerechtigkeit der Maus.
*Arabisch*

*Die erste bekannte Darstellung des Katzen-Mäuse-Krieges in der orientalischen Welt stammt schon aus dem pharaonischen Ägypten, und die Tradition hält durch die Jahrtausende.*

Es heißt, daß der Dichter 'Imad-i Faqih in Schiras eine Katze besaß, der er die Bewegungen des Ritualgebetes beigebracht hatte, und der Sultan bewunderte ihn sehr und erhob ihn zu hohem Rang. Aber der Dichter Hafis traute der Sache nicht, und so schrieb er in einem seiner Gedichte:

O elegantes Rebhuhn du, das da so zierlich läuft:
Trau der Asketen-Katze nicht, wenn sie's Gebet vollzieht!

*Doch schon lange vor Hafis war die Katze als fastender Frömmler dargestellt worden, wie Rumi sagt:*

Er ist die Katze, die das Fasten hält
Und für die Beute sich nun schlafend stellt.

*Denn:* Wenn die Katze still liegt,
so erjagt sie eine fette Maus.
*Arabisch*

Der Kater machte die Pilgerfahrt,
aber seine alten Streiche behielt er bei.
*Arabisch*

Nachdem die Katze sieben Mäuse gefressen hatte,
ging sie auf die Pilgerfahrt.
*Sindhi*

*Im Pandschabi werden das sogar neunhundert Mäuse!*

*Die Katze, die angeblich fromm wurde, steht im Mittelpunkt von Obaid-i Zakanis satirischem Gedicht:*

Das Schicksal erschuf einst nach eigenem Plan
Einen Drachen von Katze im Lande Kerman.
Wie Bernstein das Aug', jede Wimper ein Pfeil,
Scharfsichtig, Löwen jagend zuweil.
Mit Adlerstirn, Füßen wie die des Skorpion,
War sie voller Tücke, Trug, Falschheit und Hohn.
Vom Löwen und Panther der Schweif und die Tatze,
War Trommelbauch, Buckelschild Wehr unsrer Katze.
Nun trieb sie die Lust eines Tags und ihr Magen
Dahin zur Taverne, dort Mäuse zu jagen.
Ein Weinkrug verdeckt sie, dort harrt sie der Beute
Wie ein Räuber der Wüste und ähnliche Leute.

Aus der Spalte der Mauer sprang munter hervor
Ein Mäuslein und klettert am Krug flugs empor.
Es schlürft voll Behagen vom köstlichen Wein,
Beschwipst, wie ein Löwe begann es zu schrei'n:
»Wo ist die Katz? Ich schneide ab ihr den Kopf,
Ihren Pelz, ihren Balg voll Gras ich dann stopf!
Verschenk, wenn ich Lust hab zum Plunder-Spendieren,
Gleich hundert Köpfe von Katzentieren!
Ein räudiger Hund wär' für mich dieses Tier,
Im Falle sie stellte sich mir beim Turnier!«
Die Katze hört lautlos dies an eine Weile,
Nur reibt sie an Zähnen und Krallen die Feile.
Ein Sprung und ein Satz und sie packte die Maus:
»Du Mäuslein«, so rief sie, »dein Leben ist aus!«
Die Maus quiekt: »Verzeih mir, ich bin ja dein Knecht,
Verzeih meine Sünden, dies alles war schlecht!
Betrunken war ich, wenn das Maul ich gewetzt;
Dreck plappern die Trunkenen immer zuletzt!
Dein Sklave bin ich, im Ohr einen Ring,
Um meinen Nacken ein Halsband mir schling!«
Die Katze fauchte: »Nun ist's mir genug,
Lüg nicht, ich hör nicht auf Schwindel und Trug!
Sprach's und verspeiste sie mit Appetit.

Zur Moschee ging sie später mit wiegendem Schritt.
Nachdem sie den Ritus der Waschung vollzogen,
Begann sie Litanein, wie ein Mollah, verlogen:
»Allmächtiger, Reue fühl ich zum Glücke,
Keine Maus reiß ich mehr mit den Zähnen in Stücke!« ...

*Die Katze tat Buße in der Moschee:*
»Als Blutgeld für unrecht verdorbenes Leben
Will zwei Zentner Brot ich den Armen jetzt geben!«
So flehte und jammerte sie unverdrossen,
Den Pelz netzten Tränen, die schließlich noch
flossen.

Nun, hinter der Kanzel eine Maus war verborgen;
Die brachte den Mäusen Erlösung von Sorgen:
»O freut euch, die Katze ward fromm und übt Reue,
Enthaltsam hält sie dem Islam nun die Treue.
Die Wohllöbliche flehte und seufzte, o weh,
Gebete rezitierend in der Moschee.«

Nachdem nun die Mäuse die Nachricht vernommen,
War Frohsinn und Freude zu ihnen gekommen.
Aus Liebe zur Katze überboten sie sich,
Sie brachten ihr Gaben, die königlich ...
Die Katze sprach fromm zu dem Mäuse-Gewimmel:
»Für Speise und Trank sorgt gnädig der Himmel!
Nun, dem, der sich beuget dem frommen Gebot,
Dem spendet der Herrgott das tägliche Brot!«
Sie sprach dann: »Geruht, Freunde, einige Schritte
Zu treten heran etwas näher zur Mitte!«
Die Mäuse gehorchten ehrlich und bieder,
Wie Espenlaub zitterten all ihre Glieder.
Da, plötzlich sprang los unsre Katze voll Gier,
Dem Ritter glich sie beim harten Turnier.
Sie packte fünf Mäuse, gewandt ohne Schonen,
Obwohl diese Gaufürst und Standespersonen!
Und vier mit den Tatzen bezwang sie, nicht faul,
Dem brüllenden Leu gleich, die fünfte im Maul!

Nur zwei arme Mäuslein konnten entwetzen;
Sie brachten den Mäusen viel Schmerz und
Entsetzen:
»O Mäuse, was sitzet ihr da voll Behagen?
Streut Asche aufs Haupt euch, Wehe zu klagen!
Die Katze hat fünf edle Mäuse vernichtet,
Mit Zähnen und Tatzen gemein zugerichtet!«
(Ob dieses Unglücks versteht ihr es leider,
Warum allen Mäusen beschert schwarze Kleider.) ...

Und nach einer Woch' war gerüstet ein Heer
von dreißigtausend dreihundert und mehr
Mit Speer, Pfeil und Bogen und blitzendem Schwert
Bewaffneten Mäusen, mit Umsicht bewehrt.

*Die Mäuse besiegen dann das Katzenheer, aber:*

Der Katze waren gefesselt die Pfoten
Mit Stricken und Fäden und Schnüren voll Knoten.
Der Mäuse König hielt nun Gericht:
»Dem Hund ziemt der Galgen, dem schwarzen
  Gesicht!«
Zu schauen des Mäuserichs hämische Fratze
Ließ sprudeln den Kochtopf des Stolzes der Katze.
Dem Löwen gleich kauert' sie sich auf die Schenkel,
Zerriß mit den Zähnen die Stricke und Senkel.
Sie packte die Mäuse und schmiß sie um sich,
Dem Staube gleich wurden sie jämmerlich.
Nach rechts floh das Heer mit all seinen Mannen,
Nach links macht' der König sich eilends von
dannen.

Die Maus hat keinen schwachen Punkt,
den die Katze nicht kennt.

*So sagt schon das klassische arabische Sprichwort, wo es auch heißt:*

Er rät einem so, wie die Katze der Maus rät.

## *Die Geschichte von der Katze und der Maus*

Schehrezâd erzählt in der 900. und 901. Nacht vom Kater, der Zuflucht bei der Maus sucht: »Es ist mir berichtet worden, o glücklicher König, daß der Kater zu der Maus sprach: ›Gestatte mir, bei dir heute nacht zu verbleiben; dann will ich wieder meiner Wege gehen!‹ Doch als die Maus die Worte des Katers vernommen hatte, sprach sie zu ihm: ›Wie dürftest du in mein Nest kommen, da du mein natürlicher Feind bist und von meinem Fleische lebst? Ich muß doch fürchten, daß du an mir Verrat übst; denn das ist dir eingeboren, und du übst keine Treue. Es heißt ja auch: Man soll einem liederlichen Mann keine schöne Frau anvertrauen, noch einem kinderreichen Armen Geld, noch auch dem Feuer das Brennholz. So geziemt es mir auch nicht, mich dir anzuvertrauen, da es heißt: ›Die Feindschaft der Natur wird um so stärker, je schwächer der Feind wird.‹ Der Kater sagte darauf mit erlöschender Stimme, als wäre er schon dem Tode nahe: ›Was du da anführst an warnenden Beispielen, ist richtig, und ich kann es dir nicht abstreiten. Doch ich bitte dich, vergib mir, was hinter uns liegt an natürlicher Feindschaft zwischen uns beiden; denn es heißt: ›Wer einem Geschöpfe seinesgleichen vergibt, dem vergibt sein Schöpfer.‹ Ja, ich bin früher dein Feind gewesen, aber siehe, heute suche ich deine Freundschaft. Es heißt doch: Wenn du willst, daß dein Feind dir zum Freunde werde, so tu ihm Gutes! Ich, liebe Schwester, ich schwöre dir bei Allah einen feierlichen Eid, daß ich dir nimmermehr ein Leid antun will; ich habe ja außerdem gar keine Kraft mehr dazu, so vertraue denn auf Gott, tu Gutes und nimm meinen feierlichen Eid an.‹ Die Maus erwiderte: ›Wie kann ich einen Eid von dem annehmen, zwischen dem und mir eine eingewurzelte Feindschaft besteht und dessen Gewohnheit es ist, an mir Verrat zu üben? Wäre die Feindschaft zwischen uns etwas anderes als eine Feindschaft auf Tod und Leben, so wäre es ein leichtes; aber es ist eine angeborene Feindschaft zwischen den Seelen, und es heißt: Wer sich seinem Feinde anvertraut, der ist wie einer, der seine Hand in den Rachen einer Viper steckt.‹

Nun sprach der Kater voller Grimm: ›Meine Brust ist beklommen, und meine Seele ist schwach; siehe, ich liege im Sterben, und in Kürze werde ich tot vor deiner Tür liegen, dann wird mein Blut über dich kommen, dieweil es in deiner Macht stand, mich aus meiner Not zu retten. Dies ist mein letztes Wort an dich.‹ Da ward die Maus von Furcht vor Allah dem Erhabenen erfüllt, Erbarmen rührte sich in ihrem Herzen, und sie sprach bei sich selbst: ›Wer von Allah dem Erhabenen Hilfe haben will vor seinem Feinde, der möge ihm Erbarmen und Güte erweisen. So will ich denn auf Allah vertrauen in dieser Sache und will den Kater aus seiner Not befreien, um mir durch ihn den himmlischen Lohn zu verdienen.‹ Nun kam die Maus zu dem Kater hinaus und zog ihn in ihr Loch herein. Dort blieb er liegen, bis er sich erholt und ausgeruht hatte und sich ein wenig besser fühlte; dann fing er an zu klagen über seine Schwäche und über das Schwinden seiner Kraft und darüber, daß er keine Freunde habe. Und die Maus war gütig zu ihm, tröstete ihn, behandelte ihn als Freund und mühte sich ab, ihm zu dienen. Der Kater aber kroch langsam zum Ausgang des Loches, bis er ihn in seiner Gewalt hatte, da er fürchtete, die Maus könne hinausschlüpfen. Und als nun die Maus hinauslaufen wollte, kam sie dem Kater nahe, was sie ja vorher schon getan hatte; wie sie ihm jetzt jedoch nahe war, ergriff er sie und packte sie mit den Krallen, und er begann sie zu beißen und zu schütteln, ins Maul zu nehmen, aufzuheben und niederzuwerfen, hinter ihr her zu laufen, sie zu quälen und zu peinigen. Die Maus schrie um Hilfe und flehte zu Allah um Rettung; dem Kater aber machte sie Vorwürfe, indem sie sprach: ›Wo ist der Eid, den du mir geschworen hast? Wo sind die Schwüre, die du mir geleistet hast? Ist dies mein Lohn von dir dafür, daß ich dich in mein Nest geholt und mich dir anvertraut habe? Wahrlich, der hat recht, der da sagte: Wer von seinem Feinde einen Schwur annimmt, der sucht nicht das Heil für sich selbst. Doch ich habe mein Vertrauen auf meinen Schöpfer gesetzt, und er wird mich von dir befreien!‹ Als es nun so um den Kater stand und er gerade auf die Maus losspringen wollte, um sie zu zermalmen, da kam plötzlich ein Jägersmann des Wegs mit bissigen Hunden, die zur Jagd abgerichtet waren; einer von den Hunden kam beim Ausgangs des Loches vorbei, und als er einen großen Lärm darin hörte, glaubte er, es sei dort ein Fuchs, der etwas zerrisse. Deshalb kroch er hinein, um den Fuchs zu packen; doch da traf er den Kater und zerrte ihn an sich. Und als der Kater nun in die Gewalt des Hundes gefallen war, mußte er an sich selber denken und ließ die Maus los, die noch unverletzt war. Der bissige Hund aber holte den Kater heraus, nachdem er ihm das Genick zerbrochen hatte, und warf ihn draußen tot nieder; und so wurde durch die beiden die Wahrheit des Spruches kund: ›Wer sich erbarmt, wird später Erbarmen finden; doch wer da hart ist, den wird die Härte bald schinden.‹

Wenn die Katze sich erhebt, fliehen die Mäuse.
*Arabisch*

Die Katze ist der Polizeichef für die Mäuse;
vor dem Löwen würden sie sich nicht fürchten,
*sagt Rumi; denn die Mäuse könnten die Größe und Stärke des Löwen gar nicht ermessen.*

## *Maus und Katze*

In der Nähe eines Dorfes lebte eine Maus. Die schlich sich eines Tages in die Vorratskammer eines Bauernhauses.

Als die Katze die Maus gewahr wurde, lief sie hinter ihr her und verfolgte sie.

Die Maus sprang, so schnell sie konnte, um ihr Leben zu retten. Sie eilte aus dem Dorf hinaus zu ihrem Mauseloch; denn dort war sie sicher. Doch bevor sie ins Mauseloch hineinschlüpfen konnte, hatte die Katze sie eingeholt, packte ihren Schwanz und riß ihn ab.

Die Maus rannte in ihren Bau – ohne Schwanz – aber mit Schreck – und leckte sich ihre Wunde.

Die Katze saß draußen, leckte voller Genuß an dem Mäuseschwanz und überlegte sich, wie sie die Maus herauslocken könnte. Sie machte süß: »Mau, mau«, und sagte: »Ich wollte doch nur mit dir spielen. Du warst zu ungestüm und bist zu schnell weggelaufen. Deshalb brach dir der Schwanz ab. Komm doch zu mir heraus, ich möchte nur mit dir ein wenig plaudern.«

Die Maus kannte die hinterhältige Redensart der Katzen und sagte: »Nein, nein, du willst mich nur fressen. Ich komm nicht aus dem Loch!«

Da sagte die Katze: »Mau, mau, ich will nur mit dir spielen, komm schon heraus!«

Als ihre Überredungskünste nichts halfen, sagte die Katze zur Maus: »Gute Maus, ich habe immer noch deinen Schwanz in der Pfote. Möchtest du den nicht wenigstens zurückhaben? Ich klebe ihn dir wieder an den Rücken.«

Da sagte die Maus: »Nein, Katze, zu höflich von dir. Es

ist besser, ohne Schwanz alt zu werden, als mit Schwanz im Katzenbauch zu landen!«

*Das Motiv vom Land ohne Katzen – in der angelsächsischen Welt in der Geschichte von Dick Whittington verewigt – ist weitverbreitet und ist sogar auf einen der ernsthaftesten Reformtheologen des indischen Islam im 18. Jahrhundert, Schah Waliullah von Delhi, übertragen worden. Sein Sohn soll berichtet haben:*

Im Lande China gibt es keine Katzen und sehr viele Mäuse. Und mein hochgeehrter Vater sagte: »Ich hatte eine Katze bei mir, als ich zu einem Ort in China ging, wo die Leute hinzogen. Da sah ich Leute, die Schüsse abfeuerten, als der Herrscher seine Mahlzeit hielt, um die Mäuse abzuwehren. Ich sagte zu ihnen: ›Da gibt es ein Tier in Indien für 500 Rupien, vor dessen Stimme laufen alle Mäuse fort!‹ Und so verkaufte ich die Katze, und vor ihrer Stimme rannten alle Mäuse fort.«

*Rumi hat das Bild der wachsamen Katze ins Geistige übertragen:*

Die mit Glauben verbundene Vernunft ist der Polizeichef,
der gerechte Wächter und Richter der Herzensstadt.
Er ist immer wachsam wie eine Katze,
und die Diebe bleiben in ihren Löchern wie die Mäuse.
Da, wo die Mäuse überhand nehmen,
Gibt es keine Katze, oder nur ein Katzenbild!

*Doch einmal in der orientalischen Erzählkunst schließen Katze und Maus einen Pakt ab, den sie auch, mit einiger Vorsicht, halten. Die Erzählung stammt aus dem alten indischen Fabelgut, das in der islamischen Welt als die Geschichte von den beiden klugen Schakalen Kalilah und Dimna berühmt wurde und oftmals illustriert, ja auch versifiziert, und in alle orientalischen Sprachen übersetzt worden ist. Um dem König zu erklären, daß Feindschaft nicht unbedingt dauernd sein müsse, wird diese Parabel erzählt:*

In einer Provinz stand ein Banyanbaum, unter dem war das Loch einer Maus namens Feridun, und nicht weit davon war die Behausung einer Katze namens Rumi. Jäger kamen gern zu diesem Baum, um dort alle Arten von Tieren zu jagen. Eines Tages hatte ein Jäger ein Netz ausgelegt, und die Katze, verblendet von Gier, sah es nicht, als sie aus ihrer Höhle kam, und verfing sich darin. Als die Maus aus ihrem Loch kam, sah sie die Katze im Netz gefangen und blickte nach rechts, da saß ein Wiesel, das sie fressen wollte, und auf dem Baum saß eine Eule, die auch auf ihre Mausebeute wartete. Da hatte die Maus Angst, daß entweder die Eule oder das Wiesel oder die Katze – falls sie dem Netz entwiche – sie fressen würde, und sie dachte lange nach und philosophierte, wie sie sich aus dieser mißlichen Lage befreien könne. Schließlich fand sie, daß sie und die Katze sich in ähnlicher Schwierigkeit befanden gleich Schiffern auf einem lecken Boot, und sie beschloß, die Katze höflich anzureden und intelligent zu bereden, um eine gemeinsame Strategie zu finden, denn selbst Öl und Wachs, wenn sie gemischt werden, können als Medizin für Geschwüre dienen.
So kam die Maus nahe zur Katze und fragte: »Wie geht es dir, Bruder?« Die Katze sagte: »Du siehst es ja – ich bin gefangen und klopfe an die Pforte des Todes und habe keinen Helfer als Gott.« Die Maus sagte: »Du hast recht. Aber obgleich ich noch vor kurzem gewünscht

hätte, daß du umkämest, bin ich jetzt doch in einer ähnlichen Lage; ich poche an des Todes Pforte und bin in einem Meer von Unglück. Ich sehe keinen Ausweg aus dieser Lage als durch dich, wie ich es auch bin, der dir aus deiner Lage helfen kann. Ich meine es ehrlich, denn da liegt das Wiesel und sitzt die Eule, die sowohl meine wie deine Feinde sind, und ich habe nach einem Ausweg gesucht und das einzige gefunden, was wir beiden tun können.«

Die Katze sagte: »Was ist das denn?« Die Maus erwiderte: »Daß wir einen aufrichtigen Vertrag schließen, denn es gibt nichts Schlimmeres, und niemand ist blinder als zwei Leute, die in einem Gefängnis sitzen und wissen, daß sie, wenn sie sich verbünden, frei werden, und die das zu tun versäumen.« Und die Maus fuhr fort, in wohlgesetzten Worten der Katze die Wichtigkeit ihres Vorhabens klar zu machen. Die Katze hörte zu und war schließlich von der Ehrlichkeit der Maus überzeugt: »Und ich glaube, daß Gott dir und mir Befreiung aus den Wogen des Unglücks zugedacht hat«, sagte sie, und dann gaben sie sich ein feierliches Versprechen. Die Maus schlug vor, sie sollten sich zunächst umarmen, um das Wiesel und die Eule zu verwirren, so daß sie die Hoffnung auf die Beute aufgäben. Und in der Tat, als die Tiere sahen, wie herzlich sich Katze und Maus umarmten, waren sie

höchst erstaunt und gingen fort. Dann fing die Maus an, langsam und sorgfältig das Netz zu zernagen. Die Katze wurde ungeduldig und schalt die Maus, daß sie nur in ihrem eigenen Interesse arbeite, nachdem ihre beiden Hauptfeinde verschwunden waren. Doch die Maus setzte ihr auseinander, daß es nicht die wahre Liebe wäre, wenn sie sie im Stich ließe, und daß jemand, der das täte, nicht die wahre Gottesfurcht besäße. Schließlich hatte die Maus alle Fäden des Netzes bis auf einen durchgenagt und sich zwischendurch ein Loch gegraben.

Da nahte der Jäger langsam, und als die Maus ihn heranschleichen sah, biß sie schnell den letzten Faden durch, verschwand in ihrem Loch, und die Katze sprang aus dem Netz und kletterte auf den Baum. Der Jäger, der das Netz zerrissen fand, kehrte enttäuscht um. Nach einer Weile kam die Maus aus ihrem Loch, um zu sehen, wie die Sache ausgegangen war. Die Katze rief ihr vom Baum aus zu: »Bruder, du verdienst große Dankbarkeit! Du brauchst keine Angst mehr vor mir zu haben, denn die Liebe, die wir füreinander hegen, die kann von keinem Schwert zerschnitten und von keinem Feuer verbrannt werden, und weder Perlen noch Gold können sie ändern. So lange ich lebe, will ich alles, was ich habe und ansammle, dir zu Füßen legen.« Da sagte die Maus: »Es gibt eine Feindschaft, die ist im Herzen verborgen und die äußerlich wie Liebe aussieht, aber die Wunde, die sie verursacht, ist schlimmer als die der offenkundigen Feindschaft. Wer sich nicht in acht nimmt, dem geht es wie dem Mann, der auf seinem treuen Elefanten einschlief, herunterfiel und von den Füßen des Elefanten grausam zertrampelt wurde. Und

es gibt eine natürliche Liebe, wie die des Vaters zum Kinde. Aber wir sind uns unter dem Zwang der Notwendigkeit nahegekommen und Freunde geworden, und nun, da Gott uns beide befreit hat, wollen wir Abschied nehmen und jeder wieder in seinem Loch wohnen. Bleib gesund dein Leben lang, und fern von Sünden und Bosheit. Leb wohl!«
Und so schieden Katze und Maus in Frieden.

In dieser Erdenhütte sei dies für dich genug:
Vorsichtig wie ein Mäuslein, und wie die Katze klug!
*Sana'i*

*Für die meisten Dichter aber war das Katz- und Maus-Spiel ein Bild ihres eigenen Zustands, und so klagte Abu Nuwas um 800 in Bagdad:*

Die Liebe spielt mit meinem Herzen
wie die Katze mit der Maus!

*Und im frühen 16. Jahrhundert singt Dschamali von Kalpi in Indien:*

Mein Herz, die Maus, die mit dem Blut der Leber
Genährt ich lange Zeit: sie wurde plötzlich
Ergriffen von der Katze »Liebe« und zerrissen
Von ihren Zähnen, und dann fortgeschleppt . . .

# *Die Katze hat den Löwen unterrichtet . . .*

*Katzen werden gerühmt für ihre Geschicklichkeit, gefürchtet wegen ihrer Diebereien, geliebt als zärtliche Hausgenossen, gehaßt als dämonische Wesen. Aber in vielen Volksmärchen aus der arabischen, persischen, türkischen und indo-islamischen Überlieferung erscheinen sie auch als kluge, schlagfertige Geschöpfe, die sich mit Geschick aus schwierigen Lagen befreien oder beweisen, daß sie selbst größeren und stärkeren Tieren überlegen sind.*

## *Die Katze und der Tiger*

Man sagt: Die Katze ist der Onkel des Tigers. Wie dem auch sei, eines Tages sah der Tiger seinen Onkel, die Katze. »Aber Onkel«, fragte der Tiger, »weshalb bist du so klein?«
Die Katze antwortete: »Wenn du in die Hand des Menschenkindes geraten wärest, wüßtest du es!«
»Dann zeig mir doch mal ein Menschenkind!«
»So folge mir!«
Unterwegs weidete eine Büffelherde.
»Onkel, sind das Menschenkinder?«
»Was bedeuten denn schon diese? Ein einziges kleines Menschenkind treibt und jagt hundert davon vor sich!«

Als sie weitergingen, trafen sie eine Herde Pferde. »Onkel, sind das Menschenkinder?«
»Was bedeuten denn schon diese? Die Menschenkinder steigen auf sie und reiten.«
Nachdem sie eine Strecke weitergewandert waren, trafen sie auf eine Kamelherde. »Onkel, sind das Menschenkinder?«
»Ein Kind stellt einen Zug von zehn bis fünfzehn von ihnen zusammen und leitet und führt sie.«
Nach langer Wanderung stiegen sie auf einen Berg. Dort trafen sie einen Holzfäller. Die Katze erklärte dem Holzfäller, was sich zugetragen und was sie mit dem Tiger erlebt habe. Der Holzfäller sprach zum Tiger: »Steck deine Füße in diese Holzspalte und mach sie auseinander.«
Als der Tiger seine Füße in die Spalte gesteckt hatte, zog der Holzfäller schnell das Eisen, mit dem er die Spalte geöffnet hatte, heraus. Die Füße des Tigers waren tüchtig in die Spalte des Holzes eingeklemmt. Der Holzfäller steckte seine Pfeife an und trat vor ihn. Die Katze aber kletterte auf eine Tanne. Da rief der Tiger ihr zu: »Onkel, ob man mich freiläßt, wenn ich so groß bin wie du?«
Darauf antwortete die Katze: »Das weiß ich nicht! Miau.«

*Im Pandschab erzählt man sich die Geschichte von Chanku und Manku:*

Es war einmal eine Katze, die hatte drei Kinder: zwei Jungen, die hießen Chanku und Manku, und ein Mädchen, das hieß Bi Kokli.
Eines Tages ging die Katze auf Nahrungssuche und sagte zu den Kindern: »Liebe Kinder, paßt gut auf und

öffnet keinem außer mir die Tür.« Und als sie so gesprochen hatte, verließ sie das Haus.
Der Löwe hatte gesehen, daß die Katze fortgegangen war, und so machte er sich auf zum Katzenhaus und klopfte an die Tür. »Liebe Kinder, laßt mich ein, ich spiele ein wenig mit euch.« Kokli, die immer auf die Worte der Mutter hörte, öffnete nicht die Tür. Aber Chanku und Manku, die beide frech und übermütig waren, hatten die Ermahnungen der Mutter vergessen und wollten auch Bi Kokli nicht folgen. Und so sprangen sie zur Tür und öffneten. Bi Kokli suchte die Brüder verzweifelt davon abzuhalten, aber es gelang ihr nicht.
Kaum stand die Tür einen Spalt offen, da stieß der Löwe sie auch schon weit auf und war mit einem Satz mitten im Zimmer. Er schnappte Chanku und Manku und schlang sie beide auf einen Sitz hinunter. Ein kleiner Haps – und er war wieder im Wald verschwunden.
Als die Katze ihre Besorgungen erledigt hatte, ging sie nach Hause. Aber – was mußte sie da sehn! Die Tür stand weit offen. Sie rief nach ihren Kindern und ahnte nichts Gutes. Bi Kokli, die sich auf einem Tellerbord oben an der Wand versteckt hatte, kam herunter und sagte: »Chanku und Manku haben nicht hören wollen. Sie öffneten die Tür, und ein Ungeheuer kam in die Stube. Es machte: haps, und verschlang Chanku und Manku auf einen Sitz. Dann verschwand es so schnell im Wald, wie es gekommen war.«
»Na warte, ich werd in den Wald gehn und den Bösewicht suchen, der meine Kinder aufgefressen hat!« Und die Katze machte sich auf den Weg. Unterwegs begegnete sie einem Schakal und sagte:

»Du hast mein' Chanku gesehn,
Du hast mein' Manku gesehn,
Komm, wir kämpfen!«

Da antwortete der Schakal:

»Ich hab dein' Chanku nicht gesehn,
Ich hab dein' Manku nicht gesehn,
Nein, wir kämpfen nicht!«

Da ging die Katze weiter und begegnete dem Wolf. Und sie sagte zu ihm:

»Du hast mein' Chanku gesehn,
Du hast mein' Manku gesehn,
Komm, wir kämpfen.«

Da antwortete der Wolf:

»Ich hab dein' Chanku nicht gesehn,
Ich hab dein' Manku nicht gesehn,
Nein, wir kämpfen nicht.«

Da ging die Katze weiter und begegnete dem Löwen. Und sie sagte zu ihm:

»Nur du hast mein' Chanku gesehn,
Nur du hast mein' Manku gesehn,
Komm, wir kämpfen!«

Und der Löwe antwortete:

»Ich hab dein' Chanku gesehn,
Ich hab dein' Manku gesehn,
Komm, wir kämpfen.«

Kaum hatte der Löwe das gesagt, da sprang die Katze ihm ins Gesicht, und die beiden fingen an zu kämpfen. Man sagt nun, daß die Katze die Khala, die Tante, des Löwen ist und ihm vieles beigebracht hat, was der Löwe kann. Aber Listigkeit, die hat sie ihn nicht gelehrt.

Die Katze hatte nämlich ein großes Messer mitgebracht; das wußte der Löwe nicht.
Und während die beiden kämpften, stach die Katze dem Löwen das Messer tief in das Herz. Der Löwe atmete seinen letzten Atemzug, fiel auf den Rücken und streckte dann alle Viere in die Luft.
Da schnitt die Katze dem Löwen schnell den Bauch auf, und – heraus kamen Chanku und Manku.
Die Mutter war glücklich, ihre Jungen wiederzusehen, und ging mit ihnen fröhlich nach Hause. Da wusch sie zunächst Chanku und Manku, bis sie sauber waren, und gab ihnen dann eine tüchtige Tracht Prügel. Die beiden versprachen ihr daraufhin, nie mehr etwas zu tun, was die Mutter nicht für gut heißt.
Und wir ziehen aus dieser Geschichte folgende Lehre:
Wenn die Kinder gehorcht hätten,
dann hätte der Löwe sie nicht gefressen
und die Katze hätte ihren Neffen nicht umbringen müssen.

Es heißt, daß der Buyidenherrscher Ruknuddaula, der im 10. Jahrhundert im Irak und Iran herrschte, eine Katze besaß, die immer bei seinen Sitzungen dabei war, und wenn einer seiner Gefährten sich mit ihm besprechen wollte, aber Schwierigkeiten hatte, weil der Herrscher so beschäftigt war, schrieb er sein Anliegen auf einen Zettel und hing den der Katze um den Hals. Dann sah der Fürst das, nahm den Zettel, las ihn, schrieb die Antwort darauf, band den Zettel der Katze wieder um den Hals, und die lief damit zu dem Fragesteller.

*Die am besten trainierte Katze der islamischen Überlieferung erscheint in zahlreichen Märchen aus dem arabischen, persischen und indo-islamischen Gebiet; es ist:*

## *Die Katze und die Kerze*

Ein persischer König hatte einmal einen weisen und erfahrenen Wesir. Er hielt sich an seine Vorschläge, und sein Rat führte ihn zum Erfolg. Eines Tages starb der König, und auf dem Throne folgte ihm ein Sohn, der von sich selbst überzeugt und unbelehrbar war. Den Wesir bestätigte er nicht in seinem Amt, und was er meinte und riet, war dem König gleichgültig. Man hielt ihm deshalb vor: »Dein Vater hat niemals eine Angelegenheit ohne ihn entschieden.« Er erwiderte jedoch: »Mein Vater hat ihn falsch eingeschätzt. Ich werde ihn selbst auf die Probe stellen.« Danach ließ er ihn durch einen Boten fragen: »Was ist stärker im Mann, Erziehung oder Veranlagung?« Der Wesir antwortete: »Die Veranlagung ist stärker; denn sie ist etwas Eingewurzeltes, die Erziehung dagegen ein äußeres Anhängsel. Es gibt kein äußeres Anhängsel, das nicht das Eingewurzelte wieder durchbrechen ließe.« Darauf ließ der König seine Speisetafel kommen. Nachdem sie aufgestellt war, erschienen Katzen, die in ihren Pfoten Kerzen trugen, und blieben rings um die Tafel stehen. Da sprach der König zum Wesir: »Jetzt kannst du über deinen Irrtum und deinen falschen Standpunkt nachdenken! Denn wann ist etwa der Vater dieser Katzen ein Lichtzieher gewesen?« Der Wesir aber vermochte ihm nichts zu erwidern und bat: »Laß mir für die Antwort Zeit bis zur nächsten Nacht.« – »Du sollst sie haben«, sprach der König. Der Wesir aber rief, nachdem er gegangen war, einen seiner Sklaven herbei und befahl ihm: »Besorge mir einige Mäuse, binde sie mit einem Faden fest und bringe sie her.« Als der Sklave sie ihm brachte, band er sie in ein Tüchlein und steckte sie in seinen Ärmel. Am nächsten Abend ging er zum König. Als seine Tafel wieder aufgestellt wurde, erschienen auch wieder die Katzen und umsäumten die Tafel. Jetzt löste der Wesir die Mäuse aus seinem Tüchlein und warf sie den Katzen zu. Diese aber sprangen um die Wette auf sie los und warfen die Kerzen fort, so daß um ein Haar das Schloß über ihnen in Brand geraten wäre. Da fragte der Wesir: »Willst du immer noch bestreiten, daß die Veranlagung stärker als die Erziehung ist und daß ein äußeres Anhängsel das Eingewurzelte wieder durchbrechen läßt?« – »Du hast recht«, antwortete der König und er behandelte den Wesir wieder, wie es sein Vater getan hatte.

Die Katze hat den Löwen unterrichtet, aber auf den Baum zu klettern, hat sie ihm nicht beigebracht.

*Dieses in Sind und dem Pandschab gebräuchliche Sprichwort ist oft zu lehrhaften Erzählungen ausgesponnen worden.*

*Ihr angeborenes Geschick zeigt die Katze in der indischen Geschichte vom Löwen, die in einer türkischen Version vereinfacht ist:*

## *Die Katze und der Löwe*

Weil der Löwe alt geworden war, schlief er mit offenem Maul. Da aber die Mäuse in sein Maul kamen und die zwischen seinen Zähnen sitzenden Fleischreste herausholten, fand er keine Ruhe. Daher rief er eine Katze zu sich und sprach: »Komm und bleib bei mir fünf bis zehn Tage! Bring die Mäuse um und friß sie!«
Die Katze setzte sich zum Löwen und blieb bei ihm. Sie fand Ruhe und hatte für nichts zu sorgen. Das beste Fleisch und Essen waren vorhanden. Jetzt dachte die

Katze: Diese Ruhe darf nicht so leicht aufgegeben werden. Daher beschloß sie, die Arbeit auszudehnen und die Mäuse, statt zu fangen und zu fressen, zu erschrekken und zu verjagen. Denn die Aufgabe, sie zu fangen und zu fressen, ist die Sache von zwei Tagen. Aber es war sehr nötig, diese Überlegung vor dem Löwen zu verheimlichen. Jeden Abend, wenn sie zum Essen zusammenkamen, brachte die Katze die Sprache auf die Mäuse und erzählte, daß sie, obwohl sie die Mäuse tötete, sie nicht zur Strecke gebracht hätte. Dauernd klagte sie über die Menge der Mäuse. So machte sich die Katze diesen Platz zu einem Nest und Heim.

Eines Tages gebar die Katze dort Junge. Sie ernährte die Jungen mit viel Fleisch und Milch und führte ein ruhiges Leben. Inzwischen verging die Zeit. Die Jungen wurden groß und kamen nun in die Lage, für sich selbst arbeiten und sorgen zu können.

Wenn die Jungen die Mäuse anfallen und sie fangen wollten, sprach die Katze immer: »Wenn ihr sie auffreßt, werden wir unser Brot und Heim verlieren. Hütet euch also, sie zu fangen und zu töten, jagt ihnen nur Schrecken ein und laßt sie laufen.« Solchen Rat erteilte sie den Jungen.

Eines Tages hatte der Löwe die Katze irgendwohin geschickt. Die unerfahrenen Jungen, die nicht auf die guten Worte und Ermahnungen ihrer Katzenmutter hörten, fielen die Mäuse an und vernichteten innerhalb von ein bis zwei Tagen alle Mäuse, die es gab, vollständig. Als die Mutter von dem Ort, wohin sie gegangen war, zurückkehrte, da sah sie, daß keine Mäuse mehr da waren, und verstand die schlimme Lage. In dem Gedanken an die Gefahr, fortgejagt zu werden, suchte sie die

Mäuse überall. Aber keine Maus war zu sehen. Was sollte sie machen? Sie versammelte ihre Jungen bei sich. Nachdem sie ihnen die Sache richtig erklärt hatte, ermahnte sie diese, sie sollten, wenn der Löwe schlief, in sein Maul hineingehen, ihn aber nicht kratzen. Als aber eines der Jungen einmal die zwischen den Zähnen des Löwen sitzenden Fleischreste fraß, stach es ihn mit seinen Krallen. Da erwachte der Löwe und sprang auf. Auf seine Frage sagte die Katze: »In deinen Mund sind die Mäuse gekommen; sie haben diese vertrieben.« Beim zweitenmal zermalmte der Löwe eins von den Katzenjungen. Da begann die Katze Angst zu bekommen. Andauernd verbreitete sie in der Nachbarschaft die Nachricht, lud die Mäuse ein und gab ihnen ihr Wort, daß sie ihnen nichts zuleide tun würde. Aber nicht eine von den Mäusen, die wußten, daß sie damals dort gefangen worden waren, kam dorthin. Als der Löwe sah, daß nun keine Mäuse mehr da waren und die Katze ihm etwas vormachen wollte, jagte er sie fort. Als die Katze sich entfernte, sagte sie zum Löwen: »Wir hatten uns aneinander gewöhnt. Die unerfahrenen Jungen haben sich eingemischt . . . So ist es geschehen. Vergib, wenn ich etwas gegen dich verschuldet habe! Wenn wir am Leben bleiben, sehen wir uns wieder.«

*Und so ist es nicht erstaunlich, daß die Katze als die stärkste Macht auf Erden erscheint, wie es das persische Volksmärchen zeigt:*

Es war einmal ein Spatz, der fror im Winter Stein und Bein und wollte seine Tochter nur mit demjenigen verheiraten, der die allergrößte Kraft besaß. Es war höllisch kalt, alles mit Eis bedeckt, und nichts bewegte sich. »Das Eis muß die allergrößte Kraft sein!« sagte er und fragte das Eis. Aber das Eis sagte: »Nein, ich bin schwach, denn die Sonne kann mich schmelzen!« So ging der Spatz zur Sonne und fragte sie. Aber die Sonne antwortete: »Nein, ich bin nicht die größte Kraft, denn die Wolken können mich verdecken, und dann kann ich nicht mehr scheinen.« So ging der Spatz zu den Wolken und fragte die, aber sie sagten ihm: »Wir sind nur schwach, denn wenn der Wind kommt, bewegt er uns ganz leicht und läßt uns keine Ruhe!«

So ging der Spatz zum Wind und fragte ihn. Der Wind sagte: »Gewiß bin ich stark, aber wenn ich an die Berge komme, dann brechen sie meine Kraft, und ich kann nicht weiter.« So ging der Spatz zum Berg und fragte ihn. Aber der Berg sagte: »Siehst du nicht, wie das winzige Gras auf mir wächst und meine Brust spaltet? Das ist stärker als ich!« So ging der Spatz zum Gras und fragte es. Da sagte das Gras: »Siehst du denn nicht, wie die Ziege mich frißt? Sie ist viel stärker als ich!« Also ging der Spatz zur Ziege und fragte sie. Die Ziege aber sagte: »Ach, mein Leben ist kurz, und bald kommt der Fleischer und schlachtet mich – der ist viel mächtiger als ich!« So ging der Spatz zum Fleischer und fragte ihn. Der sagte: »Ich bin nur ein schwacher Untertan. Wenn immer ich arbeite, dann nimmt der König Steuern von mir und schwächt mich.« So ging der Spatz zum König und fragte ihn. Da kam ein Mäuschen in den Saal und belästigte den König, und der lief ängstlich vor der Maus davon. Da dachte der Spatz: »Die Maus ist die Stärkste!« Aber da kam eine Katze und fraß die Maus.

Und dann erklärte ihm die Katze, warum sie die allergrößte Kraft hatte: ihre weise Voraussicht hilft ihr zu planen, und sie erzieht ihre Kinder gut.

*Und in seiner langen Totenklage auf seinen Kater, die den Refrain hat:*

Was soll ich tun, ach Pussy? Was soll ich machen,
Puss?

*behauptet der türkische Dichter Meali stolz von seinem Liebling:*

Bald murmelt er den Rosenkranz,
bald ruft er zum Gebet,
Er fürchtete das Jenseits auch
so wie manch ein Asket;
Vor seiner Klugkeit ganz verblüfft
selbst Avicenna steht!

# *Ein Kätzchen mein Gefährte*

*Die Katze war für viele Menschen im Osten wie im Westen eine treue Freundin und Gefährtin, sie teilte ihre Einsamkeit und erheiterte sie mit possierlichen Sprüngen, sie vertrieb die Mäuse und schnurrte behaglich, ja, sie vollführte, wie der Gestiefelte Kater, allerlei wunderbare Taten, die ihrem Besitzer Glück brachten, und opferte sich manchesmal auch für ihren Besitzer auf. So wurde die treue Freundin von arabischen Literaten in poetischen Bildern und in hochtönender Reimprosa, mit weithergeholten Vergleichen und kunstvollen Metaphern beschrieben, denn Katzenliebe ist ein urbaner Zug. Die Beduinen gewannen allerdings kein rechtes Verhältnis zu dem Tier, das sie nur selten sahen, und als die schöne Beduinin Maisun mit dem omayyadischen Herrscher Mu'awiya verheiratet werden sollte, sprach sie verächtlich:*

Ein hart Kamel im freien Feld zu reiten
Ist lieber mir als Maultiers sanftes Schreiten.
Ein Hund, der für die Wanderer bellt zum Zeichen,
Ist lieber als die Kätzchen mir, die weichen ...«

*Doch traurig klagte A'ischa, die junge Witwe des Propheten: »Alle verließen mich nah und fern – selbst die Katze verließ mich . . .«*

Wenn Sorgen meine Brust bedrängen, sag ich:
Vielleicht zerstreuen sie sich eines Tages.
Ein Kätzchen mein Gefährte; mein Vertrauter
Die Bücher, und die Lampe ist mein Liebchen!
*Ahmad ibn Faris, st. 932*

*Die treuen Tiere – das ist ein Märchen, das in Afghanistan und Pakistan (selbst in Hunza) weit verbreitet ist. Hier eine afghanische Version aus mündlicher Überlieferung:*

Es war einmal ein armer Junge, dem gab seine Mutter ein paar Pfennige, um auf dem Markt etwas einzukaufen. Aber statt etwas Nützliches zu kaufen, erwarb er ein Hündchen. Seine Mutter war sehr ärgerlich, aber da der Hund ja das Haus bewachen konnte, ließ sie ihn bleiben. Dann schickte sie den Jungen wiederum zum Markt, und diesmal brachte er eine Katze nach Hause, was seine Mutter noch mehr ärgerte. Doch noch einmal schickte sie ihn aus, und er, begleitet von seinen beiden Tieren, kaufte einen großen Korb. Als er ihn aufmachte, fand er darin eine dicke Schlange, die ihn anredete und sprach: »Ich bin die Tochter des Schlangenkönigs, und du hast mich gerettet – nun komm zu meines Vaters Hof! Und wenn er dich fragt, was du als Belohnung haben willst, dann gib dich nicht eher zufrieden, als bis er dir das Juwel gegeben hat, das er unter der Zunge trägt.«

Der Junge folgte der Schlangenprinzessin durch mancherlei Abenteuer und erschien endlich vor dem Schlangenkönig. Der König war ihm über die Maßen dankbar, daß er seine Tochter befreit hatte, und schenkte ihm am Ende auch den Schlangenstein. Dieser Stein aber hatte die Eigenschaft, jeden Wunsch zu erfüllen. Das erste, was er sich wünschte, war ein schöner Palast für sich und seine Mutter und seine treuen Tiere. Dann entschloß er sich, eine schöne Prinzessin zu finden. Das gelang ihm auch, aber die Prinzessin war außerordentlich gierig, und sobald sie den jungen Mann geheiratet und das Geheimnis des Schlangensteines erfahren hatte, stahl sie den Stein und schickte ihren Bräutigam und seine Tiere mitsamt dem ganzen Palast irgendwo in die Wüste.

Als der junge Mann erwachte, fand er sich mit seinen Tieren weit weit weg von seiner Braut und begriff, was geschehen war. Da sprachen der Hund und die Katze: »Wir werden den Stein wiederfinden; vertraue uns nur!« Und so gingen und gingen und gingen sie, bis sie die Prinzessin fanden. Die Katze drang in das Schlafgemach der Prinzessin ein und fand, daß sie den Stein unter der Zunge verborgen hatte. Wie aber sollte sie ihn von dort herausholen? Aber die Katze wußte Rat: sie fing eine Ratte und drohte ihr, sie werde sie fressen; doch wenn die Ratte und all ihre Verwandten ihr helfen würden, das Juwel wiederzugewinnen, seien sie ihres Lebens sicher. So rief die Ratte ihre Verwandten zusammen und überlegte, was zu tun sei. Schließlich fanden sie einen Weg: eine der Ratten tauchte ihren Schwanz in den Urin der Katze, kletterte auf das Bett der Prinzessin und hielt ihr den Schwanz unter die Nase. Da mußte die Prinzessin niesen, und der Edelstein flog ihr aus dem Mund. Die Ratte nahm ihn und rettete so ihre Verwandten. Dann machten sich Hund und Katze auf, nach Hause zu gehen, aber sie konnten sich nicht einigen, wer den Stein tragen sollte, als sie durch einen Fluß schwimmen mußten. Zunächst gewann der Hund, aber mitten im Fluß fingen sie wieder an sich zu streiten, und der Hund, der den Stein im Maul hatte, ließ ihn ins Wasser fallen, als er zu reden anfing. Was sollten sie nun tun? Die Katze lief flußabwärts und traf ein paar Fischer, und da erkannte sie den Fisch, der den Stein verschluckt hatte, und stahl ihn von den Fischern. Und dann kehrten die treuen Tiere heim zu ihrem Herrn, der nun mit dem wiedergefundenen Stein ein neues Heim für sich, seine Mutter und seine Tiere erbaute und glücklich mit ihnen lebte.

*Solch treue Tiere verdienen gute Pflege, und daß ihnen die bei einigen Katzenliebhabern zuteil wurde, zeigt die Geschichte von Abu'l-Faradsch al-Isfahani, einem mittelalterlichen arabischen Literaten, dem wir die größte Anthologie früher arabischer Gedichte verdanken. Der Enkel seines Freundes berichtet:*

Mein Großvater erzählte, daß er mit zwei Freunden zu Abu'l-Faradsch al-Isfahani gegangen sei, um ihm einen Besuch zu machen und sich nach seinem Befinden zu erkundigen. Er hatte ein Haus am Tigris. Einer unserer

Diener ging herauf, um ihn von unserer Ankunft zu informieren, und klopfte heftig an die Tür, bis er schließlich des Klopfens überdrüssig war und wir ungeduldig wurden. Nun hatte Abu'l-Faradsch einen weißen Kater, den er Yaqaqa (»Schneewittchen«) nannte, und es war üblich, daß der Kater zur Tür lief, wenn jemand klopfte, und dann miaute, bis ein Diener oder der Hausherr selbst kam, um die Tür zu öffnen. Aber an diesem Tag sahen wir den Kater nicht, und das kam uns sonderbar vor, und wir wurden immer neugieriger zu erfahren, was nun eigentlich los war. Dann, nach langer Zeit, rief jemand: »Ja!«, und dann kam Abu'l-Faradsch heraus. Seine Hände waren beschmiert mit etwas, das wir für etwas von seinem Essen hielten, und so sagten wir: »Es ist sehr unhöflich von uns, daß wir dich von etwas abhalten, das wichtiger als unser Besuch ist!« Er sagte: »O nein, meine Herren, ich tue nicht das, was ihr denkt. Aber Yaqaqa hat Verstopfung, und ich hielt es für nötig, ihm ein Klistier zu geben, und damit war ich gerade beschäftigt.« Und als wir das hörten und die Spuren dieser Tätigkeit an seinen Händen sahen, dachten wir, es könnte wohl lange dauern, daß er mit diesem Schmutz beschäftigt wäre, und sagten: »Es ziemt sich nicht, daß wir zu Dir heraufkommen und dich davon abhalten, diese Arbeit zu Ende zu bringen! Wir wollten nur sehen, wie es dir geht, und das haben wir jetzt erreicht.« Und so gingen wir von dannen.

Abu'l-Faradsch hatte ihn bei allen angenehmen Dingen bei sich, und er blieb bei ihm, bevor und nachdem er Minister war, bis der Tod sie schied. Und einmal schrieb er an den Minister einen Brief, indem er sich über die Mäuse beklagte und seinen Kater lobte:

Mein Sorgen vor Mäusen zerstreute ein
schwärzlicher Kater
Mit weißem türkischen Schnurrbart, getigerten
Kleides:
Ein Löwe des Dickichts ist er an Aussehn und
Wesen;
Wer immer ihn sah, der sagte: »Wahrlich, ein Leu
ist's!«
Ein Igel an starrendem Haar und ein Wolf auch an
Täuschung,
Und ist eine Schlange in lautlosem Wenden und
Gleiten.
Er richtet sein Auge genau auf Winkel und Ecken,
Und richtet es auch auf Dächer hoch und auf Türen.
Geschwinder noch als in einem Blicke des Auges
Erfaßt er die Beute, und sei sie auch hoch in der
Wolke.
Sie legten ihm Ohrringe an, ein zierliches Halsband,
Und malten die Pfoten von hinten und vorn ihm mit
Henna.
So wandert er bald mit dem kostbaren Halsschmuck
von Bräuten,
Und wandelt er bald auf rötlich leuchtenden Beeren.
Wie schön, einen solchen Gefährten zu haben – denn
er ist
Getreuer und besser als all unsere anderen
Freunde!

*Dieser Kater war offensichtlich nicht Yaqaqa, und das Gedicht ist auch, wohl zu Recht, einem anderen Verfasser zugeschrieben worden, nämlich Abu'l-Faradschs Zeitgenossen am Hof von Aleppo, dem Dichter Sanaubari.*

*Ein wenig später lebte in Spanien ein Schöngeist, dessen Kater offenbar ein noch beachtlicheres Geschöpf war als Yaqaqa und seine Gefährten. Dieser Mann, Abu Dscha'far al-Ausi, schrieb einen langen Brief in erlesener Reimprosa an einen Kollegen, in dem er ihm seine kostbare Bibliothek schilderte, die leider von Mäusen heimgesucht worden war. Aber nun habe er Abhilfe gefunden in der Person eines prächtigen Katers, den zu schildern er die ausgefallensten Formeln verwendet, und in raffinierten Wortspielen seine Reime schmiedet:*

... Doch wandert im Hause ein edler Kater – aus dem vornehmsten Katzengeschlechte stammte sein Vorvater! – Er hat einen Kopf wie eine Faust geballt – und hat zwei Ohren von ebenmäßiger Gestalt – fein und zart, – sanft-haariger Art, – die er aufrichtet, wenn er schaut, – und anlegt, wenn es ihm graut, – und Augen! Aus farbigem Glas geschnitten sind sie, – als stamme ihr Blick aus Babylons Augen voller Magie! – Lang ist sein Haar an seinen Mundwinkeln – und über den Augenwinkeln; – er hat Nägel wie die Spitze einer Lanze genau – und eine Zunge wie eine Feile so rauh, – eine Stupsnase und einen kurzen Hals, – ebenmäßig und makellos an Gestalt, – mit Kiefern, breiten, – und Schenkeln, weiten, – mit Armen reich geziert – und Pfoten schön dekoriert; – mit denen kämmt er, wie bedeutende Leute, sein Haar, – wenn seine Lockenpracht etwas verwuschelt war, – und er schüttelt den Staub ab, der sich aufsetzt, – und das Haar, das sich ansetzt. – Dann poliert er's mit der Zunge, so wie vom Schleifstein ein Schwert leuchtet – und wie das Bad den Körper reinigend feuchtet. – Unsauberes versteckt er – und Unreines bedeckt er. – Im Sitzen er einem Löwen gleicht, – und er springt wie ein Panther, wenn er sich anschleicht. – Er hat einen kräftigen Rücken voll Glanz – und einen langgestreckten

Schwanz, – den er schlägt, wie geschärfte Speere schwingen, – und den er manchmal rollt, wie des Polostocks Enden, zu Ringen. – Seine Pfoten gehen durch Holz und Möbelseiten, – wie des Webers Hände durch ein Gewebe gleiten. – Wenn es ihn dürstet, beugt er sich über das Wasser hin – und nähert sein Maul und reicht doch nicht ganz zu ihm hin. – So macht er seine Zunge zu Strick und Eimer und weiß, – ob das Wasser süß oder salzig, kalt oder heiß, – und du hörst, wie das Wasser sich schreckend bewegt, – und siehst, wie die Zunge sich schleckend regt.

Er bewacht sein Haus wie ein Wächter treu – und bewahrt es wie ein Wärter getreu: – sieht er, daß ein Hund drin erscheint, – so wird er gleich zum grimmigen Feind – und bläst seine Backen auf – und bläht seinen Nacken auf, – bis er ihm gleicht an Gestalt und Gewalt, – eifersüchtig, daß er seine Kreise nicht störe, – und eifrig wachend, daß er seine Gleise nicht zerstöre.

Und sieht er im Haus eine andere Katze, – erhebt er in dumpfem Zorn seine Tatze – und treibt sie hinweg mit kräftigsten Armen – und befehdet sie als seinen Feind ohn Erbarmen; – und wenn diese Konfrontation anhält – und ihre Negotiation schlecht ausfällt, – zeigt er ein wenig die Klauen, um sie zu erschrecken, – und seinen Brustschild, um sie scheinbar zu necken; – dann scheint er ihr vorsichtig auszuweichen, – um wieder angreifend anzuschleichen, – gibt ihr kräftige Hiebe, – preßt sie nieder ohne Liebe, – reißt ihr Haare aus voller Wut – und läßt fließen ihr Blut – mit Zähnen, spitzen, – wie Pfeilesspitzen, – mit Klauen wie Adlerschnabels Zakken, – gewohnt, die Jagdbeute reißend zu packen. – So zerfetzt er seinem Gegner die Haut, – daß der sich nach

Wegen zur Flucht umschaut, – denn da er zerrupft von Klauen und Zahn, – sieht er als Gewinn den Rückzug nun an.

Ja, er hat ihn getäuscht und kam ohne Schild daher – und kämpfte mit ihm ohne Schwerter und Speer; – denn seine Kraft – ist sein Lanzenschaft, – sein Messer geschliffen – sind die Krallen, die griffen, – seine Speeresspitzen – sind die Zähne, die blitzen! – Und hören die Mäuslein von ihm ein Miauen, – wagen sie nicht, sich umzuschauen, – und ihre Herzen erzittern voll Grauen, – und ihre Familien zersplittern sich in den Auen! Seine Augen schlummern, doch hellwach ist er fürwahr; – sein scharfer Blick ist verhüllt und doch ganz klar; – aus seinen Augen fluten zwei strahlende Lichter – wie Lampen scheinen sie dir in Finsternis, dichter! – Er schnuppert an Ecken hier und dort – und wandert umher an jedem Ort; – lässig hingegossen ähnelt er gebogenen Armringen – oder Bambuszweigen, die anmutig schwingen. – Wenn er schlummert, dann schnarcht er schnurrend, – und wenn er aufsteht, stolziert er purrend. – Nicht, daß er sich am Feuer wärme – oder den Kochtopf umschwärme – oder sich in der Asche weich bette – oder beim Nachbarn Futter erbettle – nein, er weiß mit geschickter List, – wie die Beute zu überkommen ist: – manchmal wird er Insekten zerbeißen – oder Vögel in Wiesen und Nestern zerreißen. – Schnuppernd geht er dem Winde entgegen – und bemüht sich, den rechten Schluß zu überlegen.

Dann legt er sich für die Mäuse in den Hinterhalt, – wenn er ihr Trappeln hört – oder ihr Krabbeln spürt, – schmiegt sich an den Boden geringelt, – ineinandergekringelt, – ebenso lang wie breit, – ebenso hoch wie

weit; – und wenn die Maus – kommt aus ihrem Haus – und steckt Kehle und Brust heraus, – kriecht er zu ihr gleich glatten Schlangen, – und dehnt sich wie die Schatten, die langen; – dann springt er sie an, – bringt den Tod heran – und schlägt pausenlos auf sie zu – und gibt ihr keine Ruh. – Und sie schreit, wenn in seinem heftigen Umfangen – sie sich fühlt wie in kräftigen Zangen, – doch je ausgedehnter ihr angstvoller Pfiff, – desto eindringender wird sein kraftvoller Griff, – bis ihre Adern aufgeschlitzt – und ihre Knochen angespitzt. – Dann läßt er sie los, wenn sie den Atem verliert, – ganz mit Blut beschmiert. – Ist es ein alter Rattenmann, – so rührt er ihn nicht mit den Zähnen an; – doch ist es ein zartes Mausekind, – dann öffnet er weit sein Maul geschwind, – um es zärtlich zu packen – an seinem Nakken! – Damit zunehme sein Appetit – und sein Vergnügen sich recht in die Länge zieht, – spielt er mit ihr wie mit dem Zügel die Ritter, die hehren, – oder wie Helden spielen mit ihren Speeren; – und wenn er sie gequält mit seinen Bissen – und ein wenig zerrissen, – springt er, ihr Leben zu enden – und sich dem Verspeisen zuzuwenden, – sich mit großem Genuß an der Mahlzeit zu laben, – und das rechnet er zu den genußreichsten Gnadengaben! – Dann zeigt er durch Lecken sein Danken – und verfolgt wieder andere Gedanken: – er kehrt zurück, wo er sie aufgestöbert hatte, – und verfolgt ihre Spuren in Latte und Matte – und hofft, in ihren Quartieren – noch mehr zu finden von den Ihren. – Und er hilft seinem Herrn, sie auszurotten, – bis vernichtet sind all ihre Rotten. – Doch manchmal weicht er ab von diesen Sitten – und sucht sich Bissen vom Tisch zu erbitten, – außerordentlich sorgfältig vorgehend, – dankbar die Gnaden verstehend.

Seine edlen Eigenschaften kann kein Lob erreichen, – und nie hat die Welt hervorgebracht seinesgleichen. – Ja, legte ich zu seiner Beschreibung ein staunenerregendes Kapitel dar – und besäng' ihn in herzerfreuenden Scherzen gar, – aufrichtig, ohne die Gleichnisse zu dehnen und die Metaphern zu verschränken, – und wollte mich nur auf die getreue Darstellung seiner Charakteristika beschränken: – selbst wenn ich für diese Schilderung borgte die Zunge des Meisterrhetorikers Abu Ubayd – und in seinem Lobe bewiese die Beredsamkeit des Meisterstilisten Abu Zubayd, – würde meine Rede, o lieber Freund, wohl schwerlich enden, – und nie könnte genügend Lobesworte ich ihm spenden!

*Während dieser prachtvolle Kater seiner Pflicht als Mäusefänger nachkam, weiß das afghanische Märchen von einer Katze zu berichten, die sich für ihre Herrin opfert:*

Es war einmal ein Mädchen namens Nasi, und die hatte eine Katze, die auch Nasi hieß. Die beiden älteren Schwestern des Mädchens waren mit einem schrecklichen Dämon verheiratet. Dieser Dämon brachte alle Frauen in seiner Nähe um. So rief er die älteste Schwester und gab ihr ein unglaublich zähes Stück Fleisch zu essen. Das konnte sie nicht herunterschlucken, und so warf sie es in den Abfall. Als der Dämon zurückkam, rief er: »Fleisch, wo bist du?« und das Fleisch antwortete vom Abfallhaufen: »Ich bin hier!« Da schlachtete der Dämon das Mädchen, schnitt ihr die Brüste ab und hing sie an einen Baum. Eine Weile später rief er die zweite Schwester, gab ihr das zähe Fleisch, damit sie es esse, und ging fort. Aber auch sie konnte das Fleisch nicht schlucken und warf es auf den Abfall. Und wieder kam der Dämon und rief: »Fleisch, wo bist du?« und das Fleisch antwortete wiederum vom Abfallhaufen: »Ich bin hier!« Darauf schlachtete er auch die zweite Schwester und hängte ihre Brüste an den Baum.

Nun verlangte der Dämon, daß Nasi zu ihm kommen sollte. Nasi brachte ihre Katze Nasi mit sich, und als der Dämon ihr das Fleisch vorsetzte, konnte auch sie es nicht herunterschlucken. Da sagte die Katze Nasi zu ihr: »Laß mich sehen, ich will es wohl fressen!« und sie fraß das zähe Fleisch. Aber es war ein so harter Brokken, daß sie daran erstickte. Da kam der Dämon nach Hause und fragte wiederum: »Fleisch, wo bist du?« und die Antwort kam: »Ich bin in Nasis Magen!« Da dachte der Dämon, es sei im Magen des Mädchens, und verschonte sie deshalb. Aber als Nasi die Brüste ihrer Schwestern am Baum hängen sah, beschloß sie zu fliehen, machte sich ein Gewand aus Fellen und wanderte in die Wüste. Und am Ende vieler Abenteuer wurde sie dort von einem Prinzen entdeckt und geheiratet.

*Die gute Katze Nasi hätte sicher eine schöne Totenklage verdient, und in der Tat haben arabische Dichter lange Trauergedichte auf Katzen verfaßt – in einem Fall wurde freilich vermutet, daß es sich dabei um die Totenklage für einen ermordeten Prinzen handelte, oder für einen Sklaven, der sich an verbotene Genüsse herangemacht hatte. Ein Spezialist für Totenklagen auf Tiere im 10. Jahrhundert in Bagdad war Abu Muhammad al-Qasim ibn Yusuf ibn Suhayl, dem wir ein langes Gedicht auf eine Katze verdanken – eine Katze, die eine so vortreffliche Jägerin war, daß ihrem tigergleichen Angriff kein Mäuslein und kein Ungeziefer entging und die auch sonst wunderbare Eigenschaften hatte:*

Doch wenn die Schlafenden schlummerten tief
Im Dunkel der Nacht – sie war's, die nicht schlief.
Wenn die Nacht sich senkte, da kam ihre Zeit:
Auf Dächer kletternd, hinauf und ganz weit,
Und nahte der Morgen, so schweifte sie fort,
Unsichtbar im Taglicht, bald hier und bald dort.

Wie häusliche Diener dem Herren getreu,
Bald sitzend, bald stehend, voll Anstand und Scheu,
Und nahte das Essen, so kam sie heran
Und Bröckchen vom Tische nahm dankend sie an.
Zur Zeit des Gebets hat sie uns überwacht
Inmitten der kühlen, der ruhigen Nacht.
Dann lobten wir Gott zusammen mit ihr,
Sie pries ihn im Einklang mit uns, so wie wir.
Ein tödlicher Unfall, ach, brachte sie um –
Nun liegt sie im Grabe ganz steif und ganz stumm,
Und wieder erscheinen die Mäuse im Haus
Und kommen erfreut aus den Löchern heraus ...

*Zur gleichen Zeit besang sein Landsmann Ibn Tabataba seine schwarzweiß getigerte Katze und ihre guten Eigenschaften:*

Betöret hat sie mich mit Dunkelheit und Licht,
Wenn sie aus Ebenholz erscheint und Elfenbein.
Sie trifft die Finsternis aus ihrem Augenstern
Mit Strahlenbündeln wie der Sonne Strahlenschein.
Kokett ist sie, ist kurz, und wenn sie sich erhebt,
Geht wiegend sie, doch lang wird sie beim Sitzen sein.
Sie wäscht sich immerfort in rituellem Stil,
Und ist ein Glied befleckt, so macht sie es ganz rein.
Und ihre Sitte ist: wenn immer sie sich leert,
Gräbt sie das Ambra feucht in trocknem Balsam ein.

*Eine geheimnisvolle Beziehung besteht zwischen dem Frommen, der seine Katze, dem Wort des Propheten Muhammad entsprechend, gut behandelt, und zwischen dem Tier selbst – eine Beziehung, die in unseren Tagen in einer Kurzgeschichte der türkischen Schriftstellerin Samiha Ayverdi einen typischen Ausdruck gefunden hat:*

Baba Ramo war ein Greis aus Erzerum. Er hatte niemand als seine drei Katzen. Als er seine Heimat verließ, war er ein kräftiger, junger Mann. Aber die Jahre, jene schweigend und still kommenden und gehenden Jahre hatten die Kraft und die Stärke dieses jungen Mannes langsam ausgehöhlt. Ramo, der manchmal Lastträger, manchmal Weinbergarbeiter war, legte sich eines Tages

mit einer schweren Krankheit hin. Während der Zeit, da seine Krankheit andauerte, war sein einziger Kummer, daß die paar Pfennige, die er sich vom Munde abgespart und unter seiner Matratze aufbewahrt hatte, zu Ende gehen und er seinen Katzen keine Kaldaunen oder Lunge mehr würde kaufen können. In der Tat gab es Tage, wo er seine eigene Milchration vernachlässigte; aber was immer er tat, seine lieben Tiere ließ er nicht ohne Zehrung.

Die Krankheit, die drei Monate dauerte, hatte seine

Kraft ebenso wie sein Geld aufgezehrt. Als es ihm besser ging und er wieder auftreten konnte, begriff er, daß nun weder in seinen Armen, die schwere Ballen wie Bälle gehoben hatten, noch in seinem Kreuz, das jede Last tragen konnte, genug Kraft geblieben war, um wieder mit solchen schweren Arbeiten zu beginnen. Seine Knie, die einst ohne zu zittern auch unter der schwersten Last gingen, wankten jetzt sogar, wenn sie diesen schwachen Leib trugen, so, als ob sie zerknicken oder zerbrechen wollten.

Seine Absicht war, eine leichte Arbeit zu finden, die ihm ein paar Groschen eintrug. Denn die Leute würden ja, da Ramo nun alt geworden war, doch weder seinen Katzen noch ihm selber umsonst Essen geben . . .

Er hatte seinen Entschluß gefaßt; er würde Schuhputzer werden.

Nun war aus dem Lastträger Ramo der Schuhputzer Baba Ramo geworden. Er hatte jetzt sogar Spaß daran, wenn Kinder und alle Welt ihn Baba Ramo nannten. Seit seiner Krankheit hatte er seinen Bart nicht geschnitten. Weshalb auch – nun er alt geworden war, wozu sollte er noch Geld für das Rasieren ausgeben? Manchmal, wenn diese grauen Haare zu lang wurden, legte er ein Stückchen Pappe hinter das einzige Fenster seines Zimmers und machte es so zum Spiegel; dann öffnete er die Truhe seiner Frau, die noch immer nach Lavendel duftete, nahm die Schere heraus und kürzte die grauen Haare ein wenig. Und der freundliche Baba Ramo hatte sich auch daran gewöhnt. Er verdiente ein paar Pfennige und lebte ganz gut. Doch mit diesem geringen Verdienst konnte er nichts sparen und für sich und seine Katzen unter der Matratze aufheben. Das war

alles zusammengeschmolzen. Und er verzehrte, was er täglich verdiente.
So, an einem der glatten und einander ähnelnden Tage, wurde Baba Ramo wieder krank. Aber seine Krankheit glich diesmal nicht der früheren. An seinem Bein war ein großer, tiefschwarzer Furunkel aufgegangen, und innerhalb dreier Tage war das ganze Bein schwarz geworden. Das eigentlich Schlimme an der Sache aber war, daß – so viele Ärzte des Krankenhauses und so viele Amtsärzte es auch gab – alle sagten, dieses Bein sei zu nichts mehr nütze, und wenn man es nicht abnähme, würde die Schwärze sich im ganzen Körper verbreiten, und er würde sterben. Aber Baba Ramo wollte nicht sterben. Es gab eine einzige Kraft, die ihn ans Leben fesselte: seine Katzen!
Wenn er sterben sollte, wer würde sich um diese an Gutes gewöhnten Tiere kümmern? Alle hatten ihre Dekken, die weicher waren als das Lager, auf dem er selbst lag, und blitzsaubere Essensnäpfe. Wenn er stürbe, wer würde sich um sie kümmern, wer würde ihnen Lunge bringen? Ja, um sie nicht allein zu lassen, wollte er noch nicht einmal ins Krankenhaus gehen.
Baba Ramo blickte auf sein Bein, das dunkelblau und schrecklich aussah; aber er dachte nicht an seine täglich sich verschlimmernde Krankheit, sondern an die Zukunft seiner Katzen. Diese hatten sich, satt von den kurz vorher genossenen Lungen, jede in ihrer Ecke zusammengerollt und schliefen. Ihre weichen Bäuche, die sich bei jedem Atemzuge hoben, waren rund wie Ballons. Baba Ramos Liebling, die in der Mitte liegende Bahtiyar, schnellte auf einmal von ihrem Platz, als habe sie das Geräusch einer Maus gehört. Einen Moment

blickte sie mit einer Wildheit, die ihr glänzendes Fell anschwellen ließ, um sich herum und warf sich dann – mit dem Vergnügen, das sie hatte, wenn sie sich auf ihre Beute stürzte – wie ein Pfeil auf den Kranken und krallte sich in die Wunde seines so häßlich daliegenden Beines . . . Baba Ramo sank ohnmächtig zusammen, Bahtiyar aber leckte den Eiter der geplatzten Wunde. Eine Woche später kam Baba Ramo, seine Schuhputzschachtel auf der Schulter, ohne zu hinken, ohne Schmerz zu verspüren, und setzte sich an die Ecke, wo er immer seine Kunden erwartete. Der arme Alte, von dem jeder mit Bedauern darauf gewartet hatte, daß sein Bein abgenommen werden müßte, war sogar gekommen, ohne sich auf seinen Stock zu stützen. Es kamen Interessenten, die das Geheimnis dieser Geschichte von dem rundbärtigen freundlichen Alten hören wollten, ja, es gab sogar junge Leute und Gebildete, die es »ein interessantes Ereignis« nannten. Aber der gute Alte, von dem sie dachten, er wisse, wie es zugegangen sei – woher hätte er die Mysterien der Schöpfung kennen sollen, welche Gleichungen mit zwei und drei Unbekannten ähneln? War es denn so leicht, das Innere von Geschehnissen zu sehen, die selbst die Gebildeten als »Zufall und interessantes Ereignis« bezeichneten? Wie viele Menschen auf der Welt wissen, daß jedes Ding »ein Heer Gottes« ist, und daß die Hand, welche die Ereignisse anordnet, jene große Kraft ist, die diesen Soldaten Befehle gibt – wie viele Menschen auf der Welt wissen das, so daß der Schuhputzer Ramo es wissen könnte? Und eben diese Kraft hatte bei einem Vorfall, in dem die technischen Eingriffe, die menschlichen Maßnahmen wirkungslos blieben, eine kleine Katze, ein Geschöpf, das der Alte an seinem eigenen Unterhalt hatte teilnehmen lassen, zum Mittel gemacht. Aber Baba Ramo erzählte nun den Vorfall, dessen Inneres sein einfacher Kopf nicht begreifen konnte, jedem, der zu ihm kam, von seinem eigenen Standpunkt aus:

»So war das nun, Herr . . . Während ich so ganz hoffnungslos auf mein Bein guckte, das abgeschnitten werden sollte, stand auf einmal die Katze auf; sie kam so auf mich zu, daß ich dachte, sie hätte die Tollwut, ich weiß noch, sie schlug ihre Krallen in die Wunde, und dann bin ich wohl vor Schmerz ohnmächtig geworden. Als ich wieder zu mir kam, war das Bein nicht mehr dick, die Katze saß noch immer bei mir und guckte mich an. – In einer Woche ging's mir täglich besser, und jetzt ist keine Wunde mehr da, und es tut nicht mehr weh. Man hat doch nicht zufällig gesagt: ›Tue das Gute und wirf es ins Meer . . .‹.«

*Selbst der große Dichter des indischen Islam im 19. Jahrhundert, der eigenwillige, stolze und geistreiche Mirza Ghalib, hat seinem Kätzchen ein persisches Gedicht gewidmet:*

Ich hab auf dieser Welt ein edles Kätzchen –
Von Feenflügeln stammt ihr Wellenwandeln.
Wenn sie einherstolziert, berauscht von Anmut,
Dann sprießen aus dem Staub der Spur ihr Knospen.
So wie ein Spiegel-Bild, aus höchster Zartheit,
Erscheint ihr Junges aus dem Leib ihr zierlich.
Der wilde Löwe, den du siehst im Dschungel –
Wie arm sein Brüllen neben ihrer Stimme!
Sieht sie am Wegesrand ein Tier verendet,
Aus Reinheit frißt sie's nicht, und schluckt nur Kummer,

Und wenn der Spatz ihr anvertraut sein Junges,
So schwört sie wahr, sie werd' es treulich nähren.
Ja, stolz auf ihr so graziöses Wandeln
Mag sie das anmutvolle Rebhuhn tadeln!
Ihr Fellkleid leuchtet dank der Huld der Zunge
Als sei es feucht vom Glanz des Morgensternes,
Und Blütenregung, stolzes Farbenwogen:
Ihr Kommen, zärtlich mit dem Schweife wedelnd.
So lang die Sonne siegelt Himmels Blätter,
Leb' meine Hand, ihr kraulend Bauch und Rücken!

*Und Meali, der katzenliebende Türke im 16. Jahrhundert, preist nicht nur Klugheit und Fleiß seines verstorbenen Katers, sondern auch seine Stimme, deren Schönheit »Venus die Laute zerbrechen läßt«, denn:*

Er war mir ein Geliebter, und nicht ein Kätzchen bloß –
Ich legt' ihn jede Nacht mir als Liebchen in den Schoß ...

# *Schwarze Katze am Morgen...*

*So sehr die Katze in der islamischen Frömmigkeit geliebt wird, spiegelt sich doch in Sprichwörtern, Redensarten und allerlei mit Katzen verbundenem Aberglauben die weit verbreitete Furcht vor einem unheimlichen Tier. Oftmals sind dabei die Ausdrücke die gleichen, die wir im Deutschen verwenden: schon im frühen Mittelalter sagte man in den arabischen Ländern: »Die Katze aus dem Sack lassen«. Erstaunlicherweise spiegeln die persischen Sprichwörter und Redensarten die Katze in den unfreundlichsten Bildern. Die Katze, vorzugsweise die schwarze, erscheint auch in der magischen Literatur, und eines der bekanntesten frühmittelalterlichen Werke über Alchemie beginnt mit dem Reim:*

*'adschab 'adschab 'adschab 'adschabū*
*Quiṭṭa saudā wa lahā dhanbū*

Wunder Wunder Wunder ganz:
Schwarze Katz mit einem Schwanz!

Eine schwarze Katze am Morgen bringt Unglück.
*Türkisch, aber überall im Orient verbreitet.*

Wenn eine schwarze Katze zwischen zwei Leuten hindurchläuft,
geht deren Freundschaft auseinander.
*Türkisch*

*Im Persischen sagt man, wenn man ein Übel gleich zu Anfang ausrotten will:*

Eine Katze im Zimmer muß getötet werden.
*Oder:* Man muß die Katze in der ersten Nacht töten.

*Doch sagt man auch – im Grunde ähnlich verächtlich –:*

Man muß auch die Katze des Hauses gern haben,

*wenn man auch die negativen Eigenschaften eines geliebten oder geschätzten Menschen akzeptiert.*

»Die Katze aus dem Schoß werfen« entspricht in Iran unserem »Die Katze aus dem Sack lassen«.

*Aber auch der Sack kommt häufig vor:*

Eine Katze im Sack haben, oder: die Katze im Sack verkaufen

*wird für unehrliches Gebahren verwendet.*

*Die Katze im Sack dient auch den Dichtern oft als Beispiel; so sagt der mystische Dichter Rumi im 13. Jahrhundert:*

Und schreit die niedre Seele der Katze gleich ›Miau!‹
Wie eine Katze steck ich sie gleich in einen Sack!

*Das heißt, wenn sich niedere Instinkte und Gefühle regen, müssen sie sogleich unterdrückt werden.*

*Rumi spielt auch auf das Leiden der Katze im Sack an:*

Die Katze bin ich in dem Sack der Liebe –
Bald hoch, bald tief wirft mich die Hand der Liebe!

*»Katzen striegeln« heißt »sich täuschen lassen, etwas Unnützes tun oder denken«.*

Durch Sehnsucht kommt die Jugend nicht zurück –
Was kaust du Stroh, was striegelst du die Katze?

*sagt Nasir-i Chosrau im 11. Jahrhundert und meint damit, warum redest du unnützes Zeug und hoffst vergebens? Und etwas später nennt Sana'i unmögliche Dinge:*

Wie könnt' ich eine räud'ge Katze striegeln?
Wie baut' im Wildbach ich ein Haus aus Ziegeln?

*Zu dieser Bildwelt gehört auch die persische Redensart »Katzen tanzen lassen« für »Schwindeleien machen, beschwindeln«, und der türkische Ausdruck »sein Vermögen der Katze aufladen« für »Bankrott machen«.*

*»Wie eine Katze auf alle Viere fallen« ist im Türkischen und anderen islamischen Sprachen bekannt. Im Türkischen benutzt man die Katze auch als Orakel:*

Wenn eine Katze im Hause eines ihrer Jungen frißt, gibt es einen Todesfall.

Wenn eine Katze im Herbst besonders laut schnurrt, steht ein strenger Winter bevor.

Er kann nicht *hirr*, Katze, von *birr*, Wohltat, unterscheiden,

*sagt man im Arabischen, wenn jemand einen Menschen, der ihm übelwill, nicht von einem Wohltäter unterscheiden kann.*

*Als faule Ausrede wird im Persischen gebraucht:*

Die Katze hatte Fett gefressen.

*Denn es heißt:*

Ein junger Diener küßte seine Dienstherrin, als der Hausherr kam und die beiden beobachtete. Zur Rede gestellt, sagte der junge Mann: »Die Katze hatte Fett gefressen, und deshalb hat die Dame an meinem Mund gerochen.«

*Der Tradition nach wirkt die Katze seltsam auf andere Tiere. So berichtet Damiri:*

Gott hat dem Elefanten Furcht vor der Katze eingegeben; wenn er eine Katze erblickt, dann flieht er.

*Die mittelalterlichen Traumdeuter haben Träume, in denen Katzen vorkommen, subtil gedeutet:*

Das Kratzen einer Katze bedeutet Krankheit im laufenden Jahr.

Wenn die Katze im Traum nicht miaut, bedeutet es ein Jahr der Ruhe für den, der von ihr träumt.

Von einer Wildkatze zu träumen bedeutet ein Jahr der Unruhe und des Kummers, und wer im Traum eine Katze kauft, gibt sein Geld unnütz aus.

Die Katze im Traum bedeutet den Späher und den Räuber, weil in ihr sowohl Nutzen als auch Schaden ist.
Die Katze im Traum ist eine verräterische Frau.
Eine Frau kam zu dem Traumdeuter Ibn Sirin und sagte: »Ich habe von einer Katze geträumt, die ihren Kopf in den Bauch meines Mannes steckte und ein Stückchen davon mitnahm.« Ibn Sirin sagte: »Deinem Mann sind 316 Dirhem gestohlen worden.« Sie sagte: »Du hast recht, aber woher weißt du das?« Er sagte: »Mit der Buchstabenzählung hat das Wort *sinnaur*, »Katze«, den Zahlwert von 316.« Sie verdächtigten einen ihrer Sklaven und schlugen ihn; da gestand er den Diebstahl.

Wer träumt, er äße Katzenfleisch, wird Zauberei lernen.

*Das führt zu den Zauberpraktiken, die mit Katzen verbunden sind:*
Wenn man die Milz einer schwarzen Katze einer Frau mit Blutfluß umhängt, hilft es ihr.
Wenn man das Fleisch einer schwarzen Katze ißt, kann man zaubern.
Wenn man die Augen einer schwarzen Katze trocknet und damit räuchert, wird einem jeder Wunsch erfüllt. Und wenn man einen Zahn von ihr bei sich trägt, erschrickt man nicht zur Nacht.
Wenn man das Herz einer schwarzen Katze, eingewickelt in ein Stück ihres Fells, bei sich trägt, kann einen der Feind nicht überwältigen.
Wer sich die Augen mit Katzengalle bestreicht, sieht nachts ebenso gut wie am Tage.

Man mischt ihre Galle mit Salz und Kümmel und streicht sie auf Wunden und häßliche Furunkel, die dann heilen.
Wenn man sich beim Geschlechtsverkehr das Glied mit Katzenblut einreibt, wird die Partnerin einen außerordentlich lieben.
Wenn ein Aussätziger Katzenblut trinkt, nützt es ihm, und wenn ein Mann Katzenblut trinkt, werden ihn die Frauen lieben.
Wenn man die Galle einer schwarzen Katze und die eines schwarzen Huhnes trocknet, pulverisiert und dann die Augen damit einreibt, erscheinen einem die Dschinnen und dienen einem. Das ist erprobt.

*In der Geschichte vom Neider und vom Beneideten in 1001 Nacht heißt es:*

Die Tochter eines Königs ist von einem Geist besessen. Denn Maymun, der Sohn des Damdam, ist in sie verliebt; wenn aber dieser Fromme das Mittel wüßte, so wäre die Heilung leicht. »Und das Mittel ist?« fragte einer von ihnen, und er erwiderte: »Der schwarze Kater, den er in seinem Bethaus hat, zeigt am Ende des Schwanzes einen weißen Fleck von der Größe eines Dirhems; sieben weiße Haare muß er aus diesem Flecke reißen, und mit ihnen muß er sie beräuchern, so wird der Marid sie verlassen und nicht wiederkehren; und sie wird für den Rest ihres Lebens gesund sein.« All dies aber, o Ifrit, vermochte der Beneidete zu hören, und er horchte aufmerksam hin. Als der Tag aber anbrach, und der Morgen kam im Leuchten und leuchtete, da gingen die Fakire hin, den Schaich zu suchen, und sie sahen, wie er die Mauer des Brunnens heraufstieg; und er wurde noch größer in ihren Augen.

Und da er wußte, daß nichts ihm das nötige Mittel verschaffen konnte außer dem schwarzen Kater, so zog er ihm die sieben Haare aus dem weißen Fleck am Schwanz, und legte sie sich bereit; und kaum war die Sonne aufgegangen, so trat der Sultan in die Klause, begleitet von den Großen seines Reiches, während der Rest des Gefolges draußen harrte. Und der Beneidete hieß ihn herzlich willkommen und hieß ihn sich setzen zu seiner Seite und fragte: »Soll ich den Grund dir sagen, weshalb du kommst?« Und der König erwiderte: »Ja«. Da fuhr er fort: »Du kommst mit dem Vorwand des Besuches, aber der Wunsch deines Herzens ist es, von deiner Tochter zu reden.« Versetzte der König: »So ist es, heiliger Schaich«; und der Beneidete fuhr fort: »Schicke hin und lasse sie holen, und ich denke sie alsbald zu heilen (wenn es der Wille Allahs ist).«

Und der König sandte in großer Freude nach seiner Tochter, und man brachte sie gebunden und gefesselt. Und der Beneidete ließ sie hinter einen Vorhang setzen und nahm die Haare und beräucherte sie damit; und das, was in ihr war, schrie auf und verließ sie. Und das Mädchen war sofort bei Sinnen, verschleierte sich das Gesicht und sagte: »Was ist geschehen, und wer hat mich hierher gebracht?« Und der Sultan freute sich in höchster Freude und küßte der Tochter die Augen und dem heiligen Mann die Hand.

*Hierher gehört auch die persische Geschichte von Ibrahim:*
Es war einmal ein Mann, der wurde Hadschi Ali genannt. Der hatte einen Sohn, Ibrahim. Hadschi Ali trieb Handel, und von dem, was er einnahm, nahm er einen Teil für sich und den Rest verteilte er gemäß der Sitte des Fürsten der Gläubigen Ali an die Armen.
Dann starb Hadschi Ali. Sein Sohn wanderte durch die Gassen, und man fragte ihn: »Wo ist dein Vater?« Er sagte: »Mein Vater ist gestorben.« Die Leute sagten: »Gott erbarme sich seiner – was für ein guter Mensch er doch war!« Der Junge sah, daß alle Leute seinen Vater lobten. Eines Tages sagte er zu seiner Mutter: »Liebe Mutter, was hat mein Vater auf dieser Welt getan, daß alle ihm himmlischen Lohn wünschen?« Die Mutter erzählte es ihm, und der Junge sagte: »Ich muß genau so handeln.« Die Mutter sagte: »Wir haben kein Geld, da ist das schwierig.« Der Junge sagte: »Es wird schon gehen, mach etwas für mich zurecht.« »Gut«, sagte die Mutter.
Die Mutter machte sich nun daran, von allem, was sie doppelt hatten, ein Stück zu verkaufen, bis sie schließlich siebzig Goldstücke zusammen hatte. Der Junge nahm zwei Brote und ein Laken, steckte das Geld ein und sagte: »Im Namen Gottes des Allbarmherzigen des Allerbarmers« und ging, um anderswo Handel zu treiben.
An einer Weggabelung fiel sein Blick auf einen Mann, der tot hingefallen war, und um den sich niemand kümmerte. Er sah zwei Männer näherkommen und fragte: »Warum liegt der Tote da?« Sie sagten: »Das ist ein armer Mann, niemand kümmert sich um ihn.« Ibrahim sagte: »Was kosten Leichentuch und Begräbnis?

Sie sagten: »Fünfzig Goldstücke!« Schließlich gab er ihnen zwanzig Goldstücke, und sie begruben den Mann. Er aber ging in die Wildnis. Unterwegs sah er jemanden kommen, der sagte: »Ibrahim, Sohn von Hadschi Ali, wo gehst du hin?« Ibrahim wunderte sich, wer das war und woher er ihn kannte. Er antwortete: »Ich gehe auf Suche nach Erwerb.« Der Mann sagte: »Am Ende des Weges liegt eine Siedlung – siehst du die? In der Moschee dieses Dorfes rezitieren sie Trauerlieder auf den Märtyrer Husain. Geh in die Moschee. Da ist ein Diener, der immer eine schwarze Katze bei sich hat. Kauf diese Katze, töte sie und tu ihr Hirn in eine Flasche. Im Nachbarland ist ein König, der seit sieben Jahren blind ist, und kein Arzt kann ihn heilen. Es steht geschrieben, daß er demjenigen Arzt, der ihn heilt, seine Tochter zur Frau geben wird, andernfalls wird er getötet. Geh dorthin und gieße dreimal von dem Katzenhirn in die Augen des Königs! Dann wird es gut werden, und er wird dir seine Tochter und sein halbes Reich geben. Aber von allem, was du so bekommst, mußt du mir die Hälfte abgeben.«
Ibrahim nahm die Bedingung an, und der Mann verschwand. Als er ins Dorf kam, sah er die Moschee und den Diener, der eine schwarze Katze bei sich hatte. Er fragte ihn: »Verkaufst du die Katze?« Der fragte: »Warum?« Ibrahim sagte: »Für wieviel?« Der Diener sagte: »Zehn Goldstücke!« Ibrahim sagte: »Eine Katze ist nur zwei Goldstücke wert!« Der Diener antwortete: »Nein, das ist eine gute Katze, die fängt die Mäuse und stiehlt nicht, und es tut mir leid.« Ibrahim sagte: »Nun gut, gib sie mir.« »Ja«, sagte der Diener, »warte ein bißchen, bis ich für die Leute Tee gekocht habe!« Der Die-

ner ging, tat seine Arbeit, kam zurück und sagte: »Ich habe es mir anders überlegt. Gib mir zwanzig Goldstücke, dann verkaufe ich sie dir.« Ibrahim sagte: »Erst zehn, dann zwanzig – das ist nicht richtig!« »Aber so habe ich gesagt«, meinte der Diener. Ibrahim akzeptierte auch das und wollte nun die Katze nehmen, aber der Diener sagte: »Erst will ich dir Abendessen machen.« Er ging und brachte eine Schüssel Fleischgrütze, die Ibrahim aß. »Nun gib mir die Katze!« sagte er. »Wenn du sie wirklich willst – sie ist dreißig Tuman wert!« Ibrahim sagte: »Sonderbar, sie wird immer teurer und wird noch auf hundert Goldstücke kommen. Nimm dreißig und gib sie mir!« »Nein«, sagte der Diener, »unter vierzig gebe ich sie nicht!« Da sagte Ibrahim: »Es gibt keinen Gott außer Gott; hier sind vierzig Goldstücke, nun gib sie her!« Der Diener gab ihm die Katze; er wickelte sie in das Laken. Nun hatte er nur noch zehn Goldstücke, und so ging er in die Wildnis.
Dort draußen schlug er der Katze den Kopf ab und tat ihr Hirn in ein Gefäß und warf ihren Körper fort. Dann ging er weiter und kam unter großen Anstrengungen in das andere Land.
Am Morgen ging er ins Schloß des Königs und ließ sich als Arzt melden. Er sah den König auf dem Thron sitzen, und seine Tochter, schön wie eine Paradiesesjungfrau, stand daneben. Er sah sie und verliebte sich sofort in sie. Der König fragte: »Wie heißt du«; »Ibrahim Sohn von Hadschi Ali.« »Was tust du?« »Ich bin Arzt und will Eure Augen heilen.« »Hast du deine Medizin bei dir?« Er sagte: »Ja, soll ich sie versuchen?« Der König sagte: »So viele Ärzte sind gekommen und haben mich nicht heilen können und sind getötet worden; du

mußt auch unterschreiben, daß, wenn du keinen Erfolg hast, du getötet wirst.« Ibrahim sagte: »Ich bin bereit.« Dann rieb er dem König etwas von dem Katzenhirn in die Augen. Es verging etwas Zeit, da sagte der König: »Bringt Wasser, damit ich mein Gesicht wasche und zu Abend esse!« Die Tochter brachte die Schüssel, und da sah der König die Kerze und seine Tochter und bemerkte, daß sie ein geblümtes Kleid trug. Er freute sich, sagte aber nichts. Dann fragte er Ibrahim: »Hast du mehr von dieser Medizin?« Ibrahim bejahte. »Dann tu mir noch etwas ins Auge.« Und Ibrahim tat ihm mehr von dem Katzenhirn ins Auge, und sie saßen und unterhielten sich, und der König wusch nach einer Weile wieder sein Gesicht und merkte, daß er besser sah, und Ibrahim tat noch einmal Katzenhirn in seine Augen. Dann legten sie sich schlafen.

Als der König am Morgen erwachte und sich gewaschen hatte, sah er alles und wußte, daß er geheilt war. Da verheiratete er Ibrahim mit seiner Tochter, und als er nach vier Jahren starb, wurde Ibrahim König. Und als er einmal mit seiner Frau und seiner reichen Karawane zu seiner Mutter zog, traf er an der Weggabelung jenen Mann, der ihn an sein Versprechen erinnerte, ihm die Hälfte von allem zu geben. Ibrahim gehorchte und gab ihm was immer er wünschte, doch der Mann segnete ihn für seine Treue und ließ ihm alles und verschwand.

*Während aber Katzenhirn und andere Innereien in der Volksmedizin als sehr wirkungsvoll gelten, muß man vorsichtig mit Katzenhaaren sein: in Pakistan heißt es:*

Wer ein Katzenhaar verschluckt, bekommt Epilepsie.

*Der Glaube an die geheimnisvolle Kraft der Katzen geht am weitesten bei dem marokkanischen Bettlerorden der Heddawa. Dort gab es eine Zeremonie, in der eine Katze roh gegessen wurde.*

Die Mitglieder hüllten sich in Katzenfelle und benahmen sich wie Katzen. Zuerst wurde ein *dhikr* (Gottgedenken) abgehalten, in dem sie die Katzen nachahmten, und dann, wenn die letzten Sonnenstrahlen noch eben den Himmel färbten, rissen sie die erste Katze, die sie sahen, in Stücke, denn sie hatten so lange Nägel, daß sie dem Tier den Leib aufreißen konnten. Sie verschlangen sie, und nach der gemeinschaftlichen Mahlzeit weinten alle, als ob sie ihre Tat bereuten.

Im gleichen Orden wurde Katzenfell als besonders segensreich angesehen; es wurde mit Butter, Alaun und Salz eingerieben und zu »Geldkatzen« verarbeitet oder als Talisman verwendet.

# *Der Derwisch und die Katze*

*In der islamischen Tradition erscheinen Katzen oft in den Biographien von Mystikern, und fast jeder Derwischkonvent hatte eine oder mehrere Katzen, die liebevoll gepflegt wurden. Bekannt ist zum Beispiel das Heiligtum von Pisili Sultan in Konya (Türkei), einem »Mädchen mit Katze« geweiht. In manchen Orden, wie bei den marokkanischen Heddawa, hat sich sogar ein regelrechter Katzenkult entwickelt, der zum Teil groteske Formen annimmt. Persische und indische Miniaturen zeigen oftmals fromme, gelehrte und heilige Männer und Frauen, neben denen eine friedliche Katze angebunden ist oder spielt, und die meisten Geschichten spiegeln diese innige Verbindung zwischen den Frommen und dem Lieblingstier des Propheten wider.*

Es wird erzählt: Der Grammatiker Ibn Babschadh saß eines Tages auf dem Dach der Moschee von Kairo und aß etwas in Gesellschaft einiger Freunde. Da kam eine Katze zu ihnen. Sie warfen ihr etwas hin, und sie nahm das ins Maul und verschwand. Dann kam sie wieder, und sie warfen ihr wieder etwas hin, und sie nahm es, lief fort und kam zurück, und sie warfen ihr wieder etwas hin, das sie nahm, fortlief und wiederkam. Das tat sie mehrfach, und so warfen sie ihr immer wieder etwas hin, das sie nahm, dann verschwand und sogleich wiederkehrte. Die Gelehrten wunderten sich darüber und folgten ihr, und siehe, sie nahm dieses Futter und brachte es in eine Ruinenstätte, eine Art verfallenes

Haus, auf dessen Dach eine blinde Katze saß, und sie legte dieses Futter vor die blinde Katze. Darüber wunderten sie sich sehr. Und Schaich Babschadh sprach: »Wenn Gott für diese stumme Kreatur diese Katze benutzt, daß sie für ihren Unterhalt sorgt und Er ihr nicht ihre Nahrung vorenthält – wie würde Er dann jemanden wie mich verloren gehen lassen!« Und daraufhin brach der Schaich all seine Beziehungen zur Welt ab, gab den Dienst beim Sultan auf, hütete sein Haus, gab alle weltliche Beschäftigungen auf und lebte ganz im Gottvertrauen, bis er im Jahre 1076 starb.

Der Schaich Yafi'i erzählte: Ein Frommer aus Jemen hat mir berichtet, daß eine Katze zu dem heiligen Schaich al-Ahdal zu kommen pflegte. Er fütterte sie von seinem Abendessen und nannte sie Lu'lu'a, »Perle«. Eines Nachts schlug der Diener des Schaichs sie, so daß sie starb, und er warf sie nach draußen, damit der Schaich es nicht erführe. Und der Schaich schwieg zwei oder drei Abende; dann sagte er: »Wo ist Lu'lu'a?« Der Diener sagte: »Das weiß ich nicht!« Dann rief der Schaich: »Lu'lu'a! Lu'lu'a!« – und sie kam zu ihm gelaufen, und er fütterte sie wie gewöhnlich.

*Besonders groß ist die Katzenliebe bei den Anhängern des nordafrikanischen Heiligen Sidi Maschisch, dessen Name schon »Katze« bedeutet.*

Eines Tages sah Maulay Bu Sta den Sidi Maschisch beim Koranrezitieren, umgeben von einer Gruppe Katzen. Er lud ihn ein, in sein Haus zu kommen. Sidi Maschisch nahm die Einladung unter der Bedingung an, daß er seine Familie und seine Diener mitbringen dürfe. Maulay Bu Sta und sein Gefährte gingen nach Hause, und da sahen sie, wie Sidi Maschisch kam, gefolgt von einer

unübersehbaren Menge von Katzen. Als er eine Bemerkung darüber machte, antwortete Sidi Maschisch, daß dies seine Familie und seine Freunde seien und daß er zu ihnen ebenso freundlich sein solle wie zu ihm selbst.
Maulay Bu Sta bat ihn, er solle ihn seine Katzen zählen lassen, wenn er gestorben sei. Sidi Maschisch antwortete, er würde nicht eher sterben als bis er einen Vertreter hätte, dem er seine Katzen anvertrauen könnte. Maulay Bu Sta sagte ihm nun, er würde ihm einen Samen geben, aus dem ein Baum wachsen würde, unter dem sich die Katzen in allen Jahreszeiten aufhalten könnten. Sidi Maschisch nahm den und ging wieder auf den Berg, von seinen Katzen gefolgt. Bald darauf kam Sidi Heddi zu ihm, und nach vierzig Tagen übertrug er ihm die Stellvertreterwürde und die Sorge für seine Katzen.

Man behauptet, daß die Heddawa und die Katzen an derselben Brust getrunken haben, also Milchgeschwister sind. Außerdem hat Gott gesagt: »Die Katzen gehören zu euch, tut ihnen nichts zuleide!«

Im Heddawa-Orden werden die jungen Novizen *quēṭāṭ* »Katerchen«, genannt, und die Katzen, die im Kloster aufgezogen werden, erhalten menschliche Namen, gewöhnlich den Namen des Besitzers. Denn die Katzen sind wie Menschen und verstehen, was man ihnen sagt. Und da der Geist der Katze gleich dem Geist des Menschen ist, sollen sie auch menschliche Namen tragen, und man versteht ihr Miauen.

Eines Tages pilgerte eine Gruppe von Heddawa zum Heiligtum von Sidi Heddi, und sie bekamen drei Tage kein Fleisch zu essen. Ganz verhungert stürzten sie sich auf eine Katze namens Mischmisch, »Aprikose«, die gerade an ihnen vorüberlief. Das arme Tier riß sich los und sprang durch das Fenster ins Heiligtum von Sidi Heddi, begann heftig zu miauen und schlug ihre Krallen in das heilige Tuch, das den Sarg bedeckte. Nur wenige Augenblicke später erschien ein Besucher, um ein Rind zu opfern, und die Heddawa, vor dem Verhungern gerettet, feierten ein großes Fest.
Im Kloster von Sidi Heddi zieht man Katzen auf und sorgt bestens für sie. Es gibt dort mehr als dreihundert, und niemand hat ihre Zahl jemals vermindert. Tagsüber verschwinden sie in den Nachbargärten und Tälern, und abends und morgens erscheinen sie, wenn der Vorsteher des Konvents ihnen ihre tägliche Ration von Kuskus und Fleisch serviert. Sobald sie ihn bemerken,

drängen sie sich um ihn, schreiend und miauend, und unter seiner freundlichen Aufsicht leeren sie sofort die Platten. »Eßt, das ist, was Gott euch gibt!« sagt er zu ihnen. Denn Katzen und Derwische werden völlig gleich behandelt und essen genau dasselbe.

Wenn ein Heddawa eine Katze adoptiert hat, begleitet diese ihn bei seinen Bettelgängen in einem Korb, aus dem sie erst am Ziel herausgenommen wird.

Wenn eine Katze unerwartet stirbt, beklagt der Derwisch sie und gräbt ein nach Mekka orientiertes Grab für sie. Darin begräbt er sie mit den Worten: »Geh nun, mein Freund! Möge Gott dir Frieden geben und uns auch!« Auf das Grab wird ein Stein gelegt. Manchmal wird die tote Katze auch in ein feines Tuch gewickelt, und die Heddawa vergießen heiße Tränen. Der Tod einer Katze in Sidi Heddi soll den Tod eines Derwischs zur Folge haben und umgekehrt. Und beim Konvent findet sich ein Katzenfriedhof, ebenso wie eine Ecke des großen Friedhofs bei Sidi Abu Abdallah in Rabat als Friedhof für die Katzen dient. Angeblich werden weibliche Katzen getötet, wenn sie Junge gehabt haben, da im Kloster kein weibliches Wesen geduldet wird.

Man erzählt, daß unter der Regierung Mulay Hasans eine Katze namens Mischmisch, »Aprikose«, oder Hamar, »Rötlich«, dressiert worden war, für das Kloster zu betteln. Man setzte sie an einem der Wege, die zum nächsten Markt führen, auf einen kleinen Teppich, und wenn immer die Marktleute und Besucher an ihr vorbeizogen, miaute sie unaufhörlich, als ob sie um Almosen bäte. Jeder Passant fühlte sich verpflichtet, ihr etwas hinzuwerfen. Wenn der Markt zu Ende war, sammelten die vom Vorsteher bestimmten Derwische die

Opfergaben ein. Eine andere Katze, Mas'ud, verkündete die Opfergaben des Tages, indem sie mit ihren Pfoten mit einem Stück Fleisch spielte. Beide Katzen sind in der Bruderschaft berühmt.

Einem Jünger des Schaich Aschraf Dschahangir, einem Bewohner der Provinz Awadh in Indien, fiel es ein, daß es in früheren Zeiten Heilige gab, deren Blick auch über Tiere und Vögel Macht hatte, doch wußte er nicht, ob das auch für seine Zeit galt. Als der Schaich das hörte, lächelte er und sagte: »Das kann sein.« Nun hatte Kamal der Yogi eine Katze, die manchmal beim Schaich vorüberlief. Er befahl, die Katze vor ihn zu bringen und begann, über ein heiliges Thema zu sprechen, und sein Antlitz nahm allmählich einen solchen Ausdruck an, daß alle in Furcht gerieten. Auch die Katze hörte der Rede zu und war so beeindruckt, daß sie ohnmächtig hinfiel. Als sie wieder zu sich kam, begann sie, ihren Kopf an den Füßen des Meisters zu reiben. Danach, wenn immer er über göttliche Geheimnisse sprach, verließ die Katze die heilige Versammlung nicht.

Wenn Reisende in die Nähe des Klosters kamen, pflegte die Katze ihre Anzahl durch Miauen anzuzeigen; dann wußte man, für wie viele Gäste man das Mahl bereiten mußte. War das Essen ausgeteilt, so bekam auch die Katze ihren Anteil entsprechend den anderen Anwesenden. Manchmal schickte man sie auch aus, um Mitglieder des Konvents in die Gegenwart des Schaichs zu bringen. Sie ging dann an die Tür der betreffenden Person, miaute und schlug ihren Kopf an die Tür, so daß der Betreffende merkte, daß der Schaich ihn rief.

Eines Tages kam eine Gruppe von Derwischen an. Die Katze miaute wie üblich, aber als das Essen kam, gab es eine Portion zu wenig. Der Schaich wandte sich an die Katze und sagte: »Warum hast du dich heute geirrt?« Sofort lief die Katze weg und beschnupperte jeden

Derwisch aus der Gruppe. Als sie den Anführer erreichte, sprang sie ihm auf den Schoß und besudelte ihn. Als der Schaich das sah, sagte er: »Die Katze hat nichts verkehrt gemacht – dieser Mensch ist ein Fremder!« Da warf sich der Führer der Gruppe dem Schaich zu Füßen und sagte: »Ich bin ein Atheist. Zwölf Jahre lang bin ich gereist, angetan mit dem Gewand des Islam. Meine Absicht war es, den Islam anzunehmen, falls ein Sufi mich erkennen sollte. Bis heute hatte niemand mein Geheimnis erkannt, doch die Katze hat es enthüllt. Heute nehme ich den Islam an.«
Die Katze blieb im Kloster auch, nachdem der Schaich gestorben war. Eines Tages stellte der Nachfolger des Schaichs einen Topf mit Milch aufs Feuer, um Milchreis zu kochen. Zufällig fiel eine Schlange in den Topf. Die Katze sah das und lief immer um den Topf herum und ging nicht weg und miaute und miaute. Aber der Koch verstand das nicht und trieb sie aus der Küche. Als die Katze sah, daß sie dem Koch unmöglich klarmachen konnte, was sie gesehen hatte, sprang sie in die kochende Milch und gab ihren Geist auf. Natürlich mußte die Milch weggegossen werden – und da entdeckte man die schwarze Schlange. Der Schaich sagte, daß die Katze ihr Leben für die Derwische geopfert habe, und deshalb solle man ihr ein Grabmal errichten. Und so geschah es.

*Tausende von Meilen entfernt, in Marokko, haben auch die Heddawa eine ähnliche Ansicht:*

Wenn eine wilde oder zahme Katze den ehrlichen, überzeugten Jünger Sidi Heddis erkennt, nähert sie sich ihm, streichelt ihn mit ihrem Kopf und schnurrt, bis sie ein Stückchen Fleisch oder Brot erhalten hat. Wenn sie

dagegen einen üblen Menschen in ihm erkennt, entfernt sie sich sofort. Auch kann die Katze gute und schlechte Novizen unterscheiden.
Man erzählt auch von einer Katze, Marzoq al-Kuntri, die eines Tages eine Giftschlange im Inneren des Klosters tötete. Um sie daran zu hindern, in die Felder zu laufen, band man sie an einem heiligen Orangenbaum an, und man servierte ihr ein rituelles Mahl . . .

*Die Feindschaft zwischen Katzen und Schlangen, die bis in die Prophetenlegende zurückgeht, ist in der islamischen Folklore in Ost und West bezeugt:*

Als Sidi Heddi in seinem späteren Wohnsitz im Gebirge ankam, fand er das Land von Vipern und Skorpionen erfüllt. Er bekam große Angst und vertraute das Sidi Maschisch an. Der schickte ihm eine weiße Katze und befahl ihm, sie liebevoll zu behandeln. Der Heilige nahm sie mit sich, und sie hatte viele Junge. Die Katzen, die das Kloster bewohnen, stammen alle von ihr ab. Und da die Heddawa in Gärten, alten Gemäuern und Friedhöfen leben, müssen sie immer Schlangen und ähnliche Tiere fürchten; aber ihre treuen Katzengefährten schützen sie dann vor solchen Gefahren.

*Der persische mystische Dichter 'Attar erzählt in seinem* Ilahinama:

Die Welt der Wahrheit, unser Schaich Gurgani,
der »Pol« in seiner Zeit im inn'ren Wissen –
Er hielt in seinem Kloster eine Katze,
Die sah der Schaich am Tage ein paar Male.
Man hatte ihr an ihren kleinen Pfoten
Aus Leder Futteralchen angefertigt,
Daß, wenn sie sich vom Platz entfernen sollte,
Die kleinen Pfoten ihr nicht schmutzig wurden.

Bald kletterte dem Schaich sie auf den Schoß,
Bald schlief auf dem Gebetsteppich sie friedlich.
Wenn eine Zeit vergangen war, dann rief er
Nach einem Diener, zu ihm herzukommen,
Mit eigner Hand band er ihr dann die Schuhchen,
Und ließ sie dann ein Weilchen wieder laufen.
Sie hatte in der Küche ihre Zuflucht,
Kein bißchen Fleisch war dort vor ihr verborgen;
Sie trug nichts fort, Gekochtes oder Rohes,
Nur das, was man ihr gab, das fraß sie auf.
Man traute ihr im Kloster und am Tische,
Und niemand sah sie jemals etwas stehlen.
Doch plötzlich eines Nachts – da, in der Küche
Stahl sie ein Stückchen Fleisch aus einer Pfanne.
Der Diener suchte sie und fand sie schließlich,
Zog ihr die Ohren lang und strafte sie.
Da kam die Katze nicht mehr zu dem Meister;
Sie saß voll Zorn in einem Winkel, schmollend.
Der Meister fragte nun nach ihr den Diener,
Und der erzählte, was sich zugetragen.
Der treue Schaich rief nun nach seiner Katze
Und sprach zu ihr: »Warum hast du's getan?«
Damals jedoch war diese Katze trächtig –
Dreimal lief sie, und brachte her drei Kätzchen,
Und legte sie dem Meister vor die Füße.
Dann sah sie einen Baum, und ganz bekümmert
Klomm sie hinauf, sehr wütend auf den Diener,
Und schloß die Augen und verschloß den Mund.
Der Meister sah es und, dem Diener zürnend,
Erstaunte er und sagte zu sich selbst:
»Die Katze ist gewißlich zu entschuld'gen;
Denn fern von ihr war's, daß sie selber fraß;

Sie tat's aus Mangel nicht von edlem Anstand –
Es war Notwendigkeit, die sie bewog.
Wenn jemand so in schwere Not geraten,
Wird ihm erlaubt, was das Gesetz verbietet.
Für ihre Jungen würde selbst die Spinne
Dem Löwen Futter aus dem Rachen rauben!
Das, was die Katze tat, ist nicht so seltsam –
Bewundernswert ist Bindung an die Kinder.
Solange dir noch nie ein Kind geboren,
Ahnst du es nicht, was *ein* Kind Sorgen macht!«
Zum Diener sprach nun der erfahrne Meister:
»Die stumme Kreatur hat Gram erlitten;
Da sie dir zürnt, sitzt sie auf diesem Aste:
Bitt um Verzeihung sie, gewinn ihr Zutraun!«
Der Diener, seinen Turban abgenommen,
Stand vor der Katze, um Verzeihung bittend,
Doch seine Bitte hatte keine Wirkung:
Die Katze würdigte ihn keines Blicks.
Doch schließlich ging der Schaich und sprach zur
Katze,
Fürbittend für ihn, rief er sie vom Aste.
Da kam die Katze plötzlich aus der Höhe,
Und rollte sich dem Meister vor die Füße.
Ein lauter Schrei kam aus der Menge Herzen,
Aus jedem Herz schlug Feuer hoch wie Kerzen:
Sie alle waren gleichgesinnt der Katze,
Sie alle dankten für das süße Ende.
Bist du mit hundert Welten auch verbunden,
doch andre Bindung hast du mit dem Kinde.
Frei ist vom Gram um Kinder nur allein
Der Eine Gott, der unvergleichlich rein!

Als Maulana Dschelaleddin Rumi unter seiner letzten Krankheit litt, wandelte er in seiner Medrese umher und schrie auf und seufzte gar sehr. Nun war aber in seinem Haus eine Katze; die kam herbei und schrie ganz laut und jammerte gewaltig. Maulana lächelte und sagte: »Wißt ihr, was das arme Kätzchen sagt?« Sie verneinten es. Er sagte: »Sie sagt: Ihr zieht in diesen Tagen selig in das himmlische Reich ein und geht in Eure wahre Heimat – was soll ich Arme nun machen?« Alle Freunde schrien auf und fielen in Ohnmacht.
Dann, nach dem Abscheiden des Heiligen, fraß und trank diese Katze nicht für sieben Tage und starb dann. Malika Chatun, die Tochter Maulanas, wickelte sie in ein Leichentuch und begrub sie neben der heiligen Grabstätte ihres Vaters, und dann verteilte sie Süßigkeiten an die Freunde.

*Der Moghulhistoriker Bada'uni berichtet, wie er einmal mit einem Freunde den frommen Schaich Muhammad Qalandar in Lucknow besuchte:*
Da kam eine Katze zum Schaich und miaute herzzerreißend. Der Schaich sagte: »Die Katze hat Grund zur Klage, denn ihr habt sowohl ihre Zeit wie die Zeit des Hausherrn vergeudet, indem ihr diese Zeit mit frivolen Dingen habt hingehen lassen und mein Herz von Gott abgelenkt habt!«

# Katzendämonen

*Überall in der Welt erscheinen Katzen im Zusammenhang mit dämonischen Kräften: Geister verkörpern sich in ihnen, Hexen werden von ihnen begleitet, und ihre Kraft ist gefürchtet. Doch können sie auch Gutes tun und durch ihre magischen Kräfte den Freunden helfen. So verwandeln sich die Feen in Dardistan besonders gern in Katzen, und von Marokko bis Indien erscheinen Katzen, um die Gläubigen zu erschrecken oder ihnen geheimnisvolle Weisheit anzuvertrauen.*
*Ja, die oft abgeschriebenen und reich illustrierten »Wunder der Geschöpfe« berichten, auf der Insel Zandsch im chinesischen Meer gäbe es Katzen, die Flügel hätten!*

*Der Kater*

Die Dschinnen lieben Menschennähe
und nehmen Tiergestalten an,
um sich den Menschen anzuschmeicheln,

doch wollen sie erkannt nicht sein.
Wen aber Gottes Name schützet,
dem können nicht die Dschinnen schaden.
So hat, als in Ägyptens Hauptstadt
ich weilte, mir ein Schaich erzählt:
Ich hatte einen schwarzen Kater,
der jede Nacht zu meinen Füßen
vor dem Moskitovorhang schlief.
Einst wacht ich auf um Mitternacht
(doch war es mir, als ob ich träumte)
und hörte vor dem Fenster rufen.
Da stand mein Kater auf, ging leise
zum Fenster hin und rief: Wer bist du?
»Kotrob Ghadanfar, dein Bekannter
aus vorgen Tagen, eh du dich
bei deinem Schaich in Dienst begabest!«
Was willst du? »Tu die Tür mir auf!«
Ich kann nicht: übers Schloß sprach er
vorm Schlafengehn den Namen Gottes.
»So wirf mir einen Kuchen Brot
herunter!« Überm Brotkorb auch
hat er den Namen ausgesprochen.
»So gib mir einen Tropfen Wassers!«
Der Wasserkrug ist auch besprochen.
»Was soll ich tun, da ich vor Durst
und Hunger sterbe?« – Geh zum Nachbar,
der minder fromm ist als mein Schaich.
Vielleicht wirst du dort Eingang finden! –
Hier endete das Nachtgespräch;
Mein Kater legte still sich nieder
und grüßte mich am andern Morgen
Mit Schnurren, wie ich's war gewohnt.

Ich aber gab von meinem Frühstück,
wovon ich sonst nur einen Bissen
ihm zuwarf, nun die gute Hälfte.
ihm hin und sprach: »Du weißt, mein Kater,
daß ich ein armer Mann bin; geh
bring mir ein wenig Geld!« – Da sah
er mich mit großen Augen an,
da er von mir erkannt sich merkte,
verschwand er und kam niemals wieder.

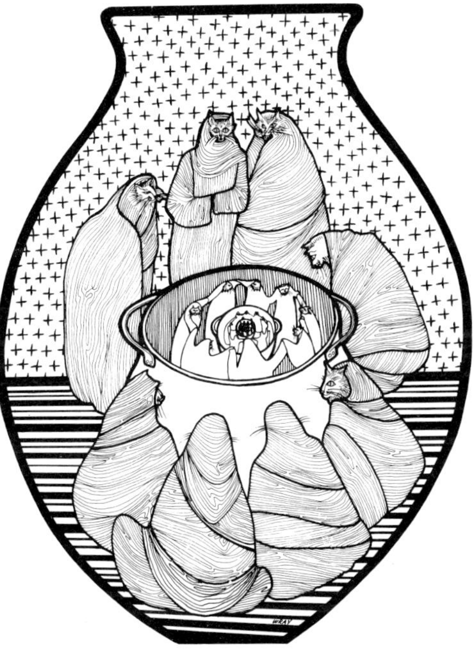

*Schon in der vorislamischen Tradition erscheinen Geister als Katzen, und besonders um die Beziehungen zwischen Kamel und Katze ranken sich viele Sagen. Die vorislamischen Dichter haben ihr Kamel beschrieben, das plötzlich in rasender Schnelligkeit zu laufen anfing,*

und es ist, als kehrte sie (die Kamelin) sich mit der rechten Seite der Flanke ab
von einem des Abends raunzenden, dickköpfigen, seitwärts befindlichen Kater,
der, so oft sie sich zornig gegen ihn wendet, sich mit den Vorderpfoten und dem Maule abwendet.

*So singt der wilde Recke Antara, und schon vor ihm hatte Imrulqais gesagt:*

Als ob an ihr (der Kamelin) ein seitwärts befindlicher Kater wäre,
Den sie mitschleppt auf jedem Wege, zu dem sie kommt, und in jeder Talenge . . .

*Ein anderer altarabischer Poet spricht von seiner Kamelin als:*

einer im Galopp tüchtigen, als ob ein Kater mit ihr um die Wette liefe
und sie beim Sattelstricke gefaßt hätte.

*Das dürfte kaum ein lebendiger Kater gewesen sein, und man könnte den Ausdruck etwa wiedergeben mit »als ritte sie der Teufel«. Denn die ghūla, der gefährliche Wüstendämon, verkörperte sich manchmal in Gestalt einer wilden Katze, und der Krieger-Dichter Taabbatta Scharran kämpfte der Überlieferung nach in der Wüste mit einer Dämonin, die einen Katzenkopf hatte. Der Gedanke aber, daß ein Kamel von einem solchen »dickköpfigen« Geisterkater erschreckt und zu wildem Galopp angespornt wird, findet seinen Widerhall im Persischen, wo der Ausdruck* schutur-gurba, *wörtlich »Kamel-Katze« den Sinn von »völlig konfus« angenommenen hat. Und selbst in einigen islamischen Überlieferungen kann der Satan sich als Katze manifestieren.*

*Man darf deshalb Katzen nicht schlecht behandeln, vor allem nicht nach Anbruch der Dunkelheit, denn man könnte dann ja aus Versehen einen Dschinn schlagen!*

*In der Tradition der mittelalterlichen Fahrensleute im Orient heißt es daher auch, daß unter ihnen solche sind,*

> als seien sie vom Winde hin und her geweht,
> weil sie eine Katze oder einen Hund geschlagen haben.

*Es sind Menschen, die am ganzen Leibe zittern und mit den Zähnen klappern, weil sie wegen Mißhandlung einer Katze vom Zorn der Geister heimgesucht werden.*

Auch manche der Katzen im Kloster von Sidi Heddi in Marokko werden für gefährliche Dämonen gehalten, die von dem Heiligen im Körper von Katzen eingesperrt sind. Sie sind außerordentlich mächtig, und die Pilger streicheln die Katzen, die sie unterwegs treffen, und bitten sie, für sie bei dem Heiligen Fürsprache einzulegen, damit ihre Wünsche erfüllt werden.

Aber auch Heilige selbst können hin und wieder in der Gestalt von schwarzen Katzen erscheinen, so Sidi Abu Abdallah in Tlemcen.

Ähnlich glauben die Frauen in der Stadt Aden, daß die Katzen des Schutzpatrons der Stadt, al-'Aidarus, Dschinnen sind, und sie bringen ihnen allerlei Leckerbissen, um sie bei guter Laune zu halten.

Eine arabische Volkserzählung berichtet, daß ein frommer Pilger seinen Zauberring verloren hatte. Aber er war so stark, daß er auch ohne ihn Gewalt über Geister und Menschen ausüben konnte. So rief er die Geister, die seinen Ring wiederbringen sollten, und gab ihnen den Befehl, seinen Ring von einem Juden zu holen, der ihn bei sich hatte. Die Geister überlegten, was zu tun sei, und dann erklärte ein Geist, der aussah wie eine Katze, er werde ihn besorgen. Er ging zu einer Maus, schickte sie zum Haus des Juden und bekam so den Ring wieder in seine Gewalt.

*Künstler waren besonders empfänglich für die dämonischen Qualitäten der Katze.*

Der große Sänger am Hofe von Bagdad, Ibrahim al-Mausili, schlief eines Nachts in seinem Keller und wurde im Traum von einer schwarzen und einer weißen Katze besucht. Die schwarze Katze sang ihm ein wunderschönes Lied vor, wieder und wieder, bis er es auswendig konnte. Als Ibrahim erwachte, erinnerte er sich genau an das Lied; er stand auf und brachte es einer bekannten Sängerin bei. Die Sängerin aber, die es lernte, verfiel dem Wahnsinn.

*Auch in marokkanischen Erzählungen findet sich die Geisterkatze, doch ist sie freundlicher als Ibrahims Traumkatzendämon:*

Es war einmal eine schwarze Katze, die stieg jede Nacht aus ihrer unterirdischen Wohnung auf die Erde. Sie kroch dazu durch den Brunnen, zog ihr Katzenkleid aus und begab sich zu dem Besitzer des Hauses, dem sie als reizendes junges Mädchen erschien, mit dem er Nacht für Nacht die Freuden der Liebe genoß. Aber vor dem Morgengebet pflegte sie hinauszuschlüpfen, ihr Katzenkleid anzuziehen und im Brunnen zu verschwinden. Doch jeden Morgen fand der Mann eine Summe Geldes, die sie als Dank im Hause ließ. Und ihre Freundschaft war so echt, daß sie auch der jüngsten Tochter des Hausherrn half, als diese auf Pilgerfahrt ging und dabei in Not geriet.

*Da Katzen selbst Dschinnen sein können, wirkt ihre Kraft auch gegen andere Dämonen:*

Als sicheres Mittel gegen Kindesentführung galt es im alten Arabien, einem Knaben einen Fuchs- oder Katzenzahn umzuhängen; dann können ihm die Dschinnen nichts anhaben.

*Und al-Buni, die größte mittelalterliche arabische Autorität für Magie, lehrt seine Leser die Beschwörung des Katzengeistes:*

Wenn du dich in die Klausur zurückziehen willst, so suche einen reinen Raum auf und beginne, die Anrufung zu rezitieren, bis dir Licht erscheint, und rezitiere noch mehr zur Nachtzeit, und befiehl *der Katze* zu erscheinen. Und wenn die Tage der Zurückgezogenheit vollendet sind, wirst du sie auf dich zukommen sehen, groß wie die Welt, und sie wächst, bis sie schließlich wie der Mond ist, und sie gestaltet sich und redet dich an und erfüllt deine Bedürfnisse.

# *Die menschliche Katze*

*Der mittelalterliche arabische Literat Tha'alibi schreibt:*

Sie ähnelt dem Menschen in ihren Zuständen, denn sie niest, gähnt und streckt ihre Glieder und greift Dinge mit ihren Pfoten, und sie wäscht ihr Gesicht und ihre Augen mit Speichel . . .

*So wie die Katze in der beduinischen Umwelt oft als Geist gesehen wurde, so konnte sie auch zum Symbol geliebter oder verhaßter Menschen werden. Es gibt eine Reihe von Satiren auf »Katzen«, nämlich ungeliebte und verräterische hohe Beamte, in der arabischen und türkischen Literatur, und die berühmteste Elegie auf den Tod einer Katze im frühen 10. Jahrhundert wurde allgemein als symbolischer Ausdruck der Klage über den Tod eines Menschen – in diesem Fall eines Prinzen – angesehen. In neuerer Zeit haben Dichter ihre mehr oder minder erfolglosen Liebesabenteuer und ihre Frustrationen in kleinen Gedichten an Katzen und über Katzen geschildert: Tevfik Fikret, einer der Wegbereiter moderner türkischer Lyrik, und Muhammad Iqbal, der »geistige Vater Pakistans«, singen ebenso von ihren Katzen-Lieben wie der zeitgenössische syrische Dichter Nizar Qabbani, der den satirischen Ton aufnimmt, und der persische Modernist Siyawusch Kasra'i, dessen Vers schon fast wieder auf das »dämonische« Element in der Katze hinweist, während bei dem Türken Nazim Hikmet die Katze im Gleichklang mit Menschen und Natur steht.*

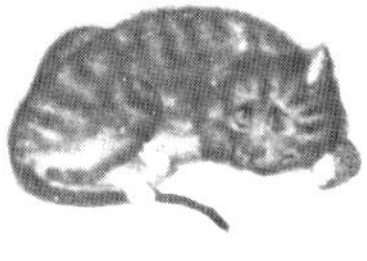

## *Tevfik Fikret*
## *Goldfaden*

Schreib von der Liebe! spracht ihr. – Seht ihr, als
    Kind
Liebte ich ein klein' ungezogenes Kätzchen;
Nie ließ ich's los, und wenn es im Schoße mir schlief
    Bebte die Zärtlichkeit
All meines Fühlens um sie; manchmal zur Nacht
Schliefen in *einem* Bett wir. Ging ich zur Schule
    Machte mich Sehnsuchtsleid
Sicher ganz unaufmerksam. – »Döskopp du, heda!«
Ohrfeigen prasselten mir mit Tadeln aufs Haupt . . .
    Liebend-verwirrt jedoch
Liebte ich's, Tyrannei zu leiden; denn damals
Wußt' um den Trost ich, der jedem Lieben
    entstammt,
    So wie ein jeder; noch
Wurde ich manchmal grundlos schmerzüberwältigt.
Goldfaden – denn so hieß sie – schien wohl zu
    kennen
    Meinen verborgenen Schmerz,
Schmeichelte, sprang und koste, streichelte, leckte,
Mich zu erheitern, fand sie sicher ein Mittel.
    Löste sich dann mein Herz
Schließlich vom Gram, setzt' sie sich in Positur,
Stolz, als sei alle Lust nur ihr zu verdanken,
    Stolz und verachtend; hier
Fing sie mit Untreu an; ich Armer, Betörter,
Ihren Vergnügen und ihren Launen gehorchend
    Manchmal erstaunend schier,
Bald überlegen, dann wieder töricht und gläubig –

Sah ich nur unbewiesene Neigung, so glaubt' ich.
    Hilflos, ach! war ich ja,
Immer wurd' ich gekratzt, gekratzt, nur gekratzt.

Schreib' von der Liebe, spracht ihr. Bitte, hier ist's.

## *Muhammad Iqbal*
## *Als ich eine Katze auf dem Schoß von . . . sah*

Wer lehrte dich die Blicke, halbverstohlen,
Wer zeigte dir des Liebes-Anfangs Zauber?
Wie scheint aus jeder Regung dein die Liebe!
Wie tropft Verstehn aus deinen blauen Augen!
Blickst bald sie an, und bald bist du verschämt,
Bald stehst du, bald sinkst du in süßen Schlaf.
Dein Auge, ist's erstaunend gleich dem Spiegel?
Dein Sinn, ist er erhellt vom Licht der Einsicht?
So ganz kokett das Schlagen deines Schwanzes –
Ist's Staunen, Kummer, oder Liebeszeichen?
Wirst du zu keck, so wirft sie dich vom Schoße,
Und wird dich schlagen, wenn du sie bedrängst.
Was willst du wissen? Wonach sehnst du dich?
Denkst denn auch du voll Leidenschaft an eines?
Nicht nur der Mensch empfindet ja die Schönheit –
Dies Fühlen liegt in jedem Herz verborgen.
Gleich Wein füllt Liebe das Gefäß des Kosmos:
Der Sonne Geist, des Mondlichts Blut ist Liebe.
Ist Liebesschmerz verhüllt in jedem Herzstück,
Und Licht ist dort, wo überall sie strahlt,
Bald Grund zur Freude, bald des Grames Grau,
Bald Perle, Träne bald, und bald der Tau!

## *Nizar Qabbani*
## *Klagelied auf eine Katze*

Zwei Jahre kannt' ich dich . . . des Guten
Quelle . . .
Und allen zog ich vor dein Antlitz schlicht.

Zwei Augen, klarer noch als Wolkenwasser,
Und Haar, wie Kinderlocken lang und dicht,

Und Liebe, noch so zart, wie junge Vöglein,
Ein Herz, so rein wie eines Leuchters Licht,

Und deine weichen Pfötchen waren Minen,
aus denen Perlen grub und Nelken ich,

Und deine weißen Kleider – Tauben, flatternd
verstreuten Schnee und Samt sie über mich.

Ich kannte dich als unhörbare Stimme,
als scheuen Mund, der noch dem Kuß entwich . . .

Wohin ist diese Süßigkeit verschwunden?
Wie ging, was da verging, und ändert' sich?

Du wurdest wild – du wardst zur Straßenkatze!
Umflogst als Nachtigall mein Herz du nicht?

Nicht Offenbarung mehr ist deine Schönheit,
Anbetungsort nicht mehr dein Angesicht.

Die frühe Sanftheit wurde zur Erschlaffung,
Verschlissen nun, was einstmals zierte dich . . .

Kann deine Schönheit sich so selbst verraten,
Der Wein zur Koloquinte wandeln sich?

Ich fürchte, du – mit Schmuck behängt die Hände –
wirst zur Zigeunerin nun auf dem Strich.

Als Existentialistenkatze streifst du
des Nachts durch Gassen – . . . Wer träumt noch um
dich?

Gegrüßt seist, Freundin, du, die einst gewesen . . .
Wie schön war es, da still du warst und schlicht!

*Siyawusch Kasra'i*
## *Partner*

Das Mondlicht schläft auf dem Bett
Wünsche erwachen im Kopfe der Katze

Sie schlägt die Krallen gegen die lüsterne Brust
Sie zieht ihren Schatten ganz eng an sich wie einen
Partner der Lust
Läßt den Schwanz auf den Leib gleiten, verbirgt
ihren Kopf in den Händen
Sie spreizt ihre Lenden
Drückt in die Falten der seidigen Wogen den Rücken
Außer sich vor Entzücken

Die Katze, allein auf dem Bett
Täuscht spielend den Mond, wie einen Schwan im
Teich ihrer Augen

*Nazim Hikmet*
## *Immer das gleiche Märchen . . .*

Wir stehen am Rande des Wassers,
Ich und die Platane.
Im Wasser spiegeln wir uns,

Ich und die Platane.
Des Wassers Erregung berührt auch uns,
Mich und die Platane.

Wir stehen am Rande des Wassers,
Ich und die Platane, und eine Katze.
Im Wasser spiegeln wir uns,
Ich und die Platane, und auch die Katze.
Des Wassers Erregung berührt auch uns,
Mich und die Platane, und auch die Katze.

Wir stehen am Rande des Wassers,
Ich, die Platane, die Katze, und auch die Sonne.
Im Wasser spiegeln wir uns,
Ich, die Platane, die Katze, und auch die Sonne.
Des Wassers Erregung berührt auch uns,
Mich, die Platane, die Katze, und auch die Sonne.

Wir stehen am Rande des Wassers,
Ich, die Platane, die Katze, die Sonne – und unser Leben.
Im Wasser spiegeln wir uns,
Ich, die Platane, die Katze, die Sonne – und auch unser Leben.

Des Wassers Erregung berührt auch uns,
Mich, die Platane, die Katze, die Sonne – und auch unser Leben.

Wir stehen am Rande des Wassers.
Erst wird die Katze wohl fortgehn,
Ihr Bild im Wasser verschwinden.

Dann werde auch ich wohl fortgehn,
Mein Bild im Wasser verschwinden.
Dann wird die Platane wohl fortgehen,
Ihr Bild im Wasser verschwinden.
Dann wird das Wasser verschwinden.
Die Sonne wird bleiben,
Und dann wird auch sie verschwinden.

Wir stehen am Rande des Wassers,
Ich, die Platane, die Katze, die Sonne, und auch unser Leben.

Kühl das Wasser,
Hoch die Platane,
Ich schreibe Gedichte,
Die Katze schlummert,
Die Sonne ist warm –
Wir leben, gottlob.
Des Wassers Erregung berührt auch uns –
Mich, die Platane, die Katze, die Sonne – und unser Leben.

# *Zum Ausklang*

*Die Katze im islamischen Orient erscheint in allen erdenklichen Spielarten, als guter und als böser Geist. Dem Beduinen ist sie nutzlos, es sei denn, er kann mit ihrer Hilfe sich aus einer verfahrenen Affäre ziehen:*

Ein Beduine hatte einstmals sein Kamel verloren. Verzweifelt suchte er danach und seufzte schließlich, wenn er es fände, wolle er das ungetreue Tier für ein Goldstück verkaufen. Am nächsten Morgen fand er sein Kamel und erinnerte sich ärgerlich seines Schwures. Da lief ihm eine Katze über den Weg, die ergriff er, ging zum nächsten Bazar und rief: »Ein gutes Kamel für ein Goldstück zu verkaufen!« Doch den Käufern, die sich drängten, machte er klar, daß das Kamel nur zusammen mit der Katze verkauft werde; die aber koste hundert Goldstücke . . .

*Aber dem Stadtbewohner war die Katze Freundin und Gefährtin, vielleicht auch Ersatz für andere Freunde. Ihr schimmerndes Fell entzückte viele: die Moirée-Stoffe, die im Bagdader Stadtteil Attaba gewoben wurden und* attabiyya *hießen, gaben noch viel später im Englischen der gestreiften* tabby-cat *ihren Namen. Selbst die Kalligraphen konnten sich dem Zauber der Katze nicht entziehen: die Anfangsform des Buchstabens h wird in der Fachsprache* wadsch al-hirr, *»Katzengesicht« genannt.*

Und man findet Buchstaben in feliner Form auch manchen mittelalterlichen Metallgefäßen, wo etwa eine ganze Katzengruppe das Wort *baraka,* »Segen« bildet.

Und wenn der Leser, der nun all diese Katzengeschichten, -gedichte, -sprichwörter und -traditionen gelesen hat, uns eine weitere orientalische Katzengeschichte erzählen oder auf eine absichtlich nicht zitierte Stelle aufmerksam machen will, so werden wir ihm auf Urdu antworten: *Merī billī – mujhē-i miau?* Das heißt »*Meine* gute Katze – *du* willst *mir* das Miauen beibringen?«

*Viele Katzenfreunde haben beim Zustandekommen dieses Buches geholfen: Professor Wolfhart Heinrichs, Harvard, Professor Fritz Meier, Basel, haben klassisch-arabische Texte aufgefunden, Dr. Margaret Mills, Pomona, steuerte afghanische mündlich überlieferte Märchen bei, Ulrich Marzolth brachte Märchenparallelen, und Mehmet Önder trug einige türkische Sprichwörter bei; andere Freunde in Pakistan und den USA nahmen ebenfalls lebhaft Anteil am Wachsen der Katzen.*

*Besonderer Danke gilt den Bibliotheken und Museen, die uns die Verwendung von Miniaturen gestatten, in erster Linie der Staatsbibliothek Preuss. Kulturbesitz, Berlin und Herrn Dr. Dieter George; dem Metropolitan Museum of Art New York, der India Office Library London, der Freer Gallery, Washington und Dr. Esin Atil, und dem Fogg Art Museum, Havard University und Stuart Cary Welch.*

# *Quellennachweise der Bilder und Texte*

*Bilder*

Umschlag und Seite 123: Türkisch, ca. 15. Jahrh.; Topkapu Museum, Istanbul

Frontispiz: Indische Zeichnung, 18. Jahrh.; India Office, London, IV 465

6: Katzenfamilie. Ausschnitt aus einer zusammengesetzten Miniatur im Dschahangir-Album, Moghul-Indien, frühes 17. Jahrh.; Berlin, Staatsbibliothek Preußischer Kulturbesitz

8: Detail aus einer Nachtszene aus Nizami's *Khamsa,* Iran, ca. 1540; Fogg Art Museum, Harvard University, Cambridge, Mass.

14: Frau mit Katze, Moghul-Indien, 17. Jahrh.; Sammlung Ed. Binney, San Diego, Calif.

16: Vom Titel eines Druckes von Obaid-i Zakani's *Katze und Maus,* Berlin 1924

23: Aus Qazwini's *Wunder der Geschöpfe,* Indien (Deccan), 18. Jahrh.; Fogg Art Museum, Harvard University, Cambridge, Mass.

26: Wildkatze. Aus Qazwini's *Wunder der Geschöpfe,* Iran 1816. Berlin, Staatsbibliothek Preußischer Kulturbesitz, Petermann 394, fol. 163a

31: Katze mit Papagei, Indien, 17. Jahrh.; India Office, London, IV 465

35: Aus Rumi's *Mathnawi,* Iran, um 1900. Berlin, Staatsbibliothek Preußischer Kulturbesitz, Ms. or. oct. 3748, fol. 99

39: Aus einem Manuskript von Obaid-i Zakani's *Katze und Maus,* Peshawar, frühes 19. Jahrh.; Privatbesitz, London

42: Aus einem Manuskript von Obaid-i Zakani's *Katze und Maus,* Indien (Deccan), um 1800; Privatbesitz, Bonn

51: Aus einem Manuskript von *Kalila wa Dimna,* wohl Gujarat, 16. Jahrh.; Metropolitan Museum, New York, 1981/373

53: Aus Qazwini's *Wunder der Geschöpfe,* Iran 1816. Berlin, Staatsbibliothek Preußischer Kulturbesitz, Petermann 394, fol. 162

59: Detail aus der Nachtszene aus Nizami's *Khamsa,* Iran, ca. 1540;

Fogg Art Museum, Harvard University, Cambridge, Mass., 1958/75

65: Detail aus einer Lagerszene aus Nizami's *Khamsa,* Iran, ca. 1540; Fogg Art Museum, Harvard University, Cambridge, Mass., 1958/76

67: Madonna. Moghul-Zeichnung, Indien, frühes 17. Jahrh.; Metropolitan Museum, New York, 1970/217

75: Gelehrter mit Katze, von Basawan, Moghul-Indien, 1575–80; Privatsammlung, USA

80: Dame mit Katze. Indien (Deccan), 1780; Stockholm, Nationalmuseum, NMH 376/1917

91: Aus Qazwini's *Wunder der Geschöpfe,* Indien, 1694; Berlin, Staatsbibliothek Preußischer Kulturbesitz, Ms. fol. or. 318, fol. 322b.

96: Aus Qazwini's *Wunder der Geschöpfe,* Indien (Deccan), 18. Jahrh.; Fogg Art Museum, Harvard University, Cambridge, Mass.

99: Derwisch mit Katze, Iran, Mitte des 17. Jahrh.; Freer Gallery of Art, Smithsonian Institution, Washington D. C.

102: Derwisch mit Katze (Marmorpapier), Indien (Deccan), 17. Jahrh.; Salar Jung Museum, Hyderabad A. P.

109, 115: Aus Qazwini's *Wunder der Geschöpfe,* Indien, 1694; Berlin, Staatsbibliothek Preußischer Kulturbesitz, Ms. or. fol. 318, fol. 84 b.

111: Eje Wray, Austin: Illustration zu *Hajji Baba.*

120: Katze, Lucknow, um 1850; Privatsammlung, USA

125: Aus der Segensinschrift der Bronzeschale M-388/1911 im Victoria and Albert Museum, London. Iran, 12. Jahrh.

*Texte*

Das Kamel auf der Pilgerfahrt. Arabische Sprichwörter. VMA, Wiesbaden 1978

R. Geyer, Die Katze auf dem Kamel. Orientalische Studien Th. Nöldeke zugeeignet, Gießen 1901 (S. 111)

W. Hoenerbach, Dichterische Vergleiche der Andalus-Araber, Bonn 1973 (S. 26, 28)

E. Littmann, Die Erzählungen aus den Tausendundein Nächten, Insel, Wiesbaden 1956 (S. 43, 90)

Obaid-i Zakani, Katze und Maus, deutsch von H. Duda, Salzburg 1947 (S. 39)

F. Rückert, Sieben Bücher Morgenländischer Sagen und Geschichten (S. 109)

H. Sheikh-Dilthey, Märchen aus dem Pandschab, Düsseldorf-Köln 1976 (S. 33, 47, 55)

A. Schimmel, Märchen aus Pakistan, Köln 1981 (S. 10, 30)

O. Spies, Türkische Märchen, Düsseldorf-Köln 1967 (S. 28, 54, 61)

M. Weisweiler, Arabische Märchen, Düsseldorf-Köln 1965 (S. 59)

Eine wichtige Quelle ist:

R. Brunel, Le Monachisme errant dans l'Islam: Sidi Heddi et les Heddawa. – S. auch I. Goldziher. »La notion de la Sakîna chez les Mahometans«, RHR 1898. Für Me'ali: E. Ambros, Candid Penstrokes, Berlin 1982.

Alle übrigen Texte wurden von der Herausgeberin aus den Originalsprachen übersetzt.